ミスターバレーボール　森田淳悟物語

はじめに

この度、日本体育大学を退官するにあたり、私のバレーボール人生を振り返り、これまで体験してきたさまざまな出来事を綴ってみることにしました。

転勤の多かった父の影響で、いろいろな地で暮らした少年時代、バレーボールと出会った高校時代、厳しい中でも人間としての礎を作った日体大時代、バレーボールと仕事を両立した日本鋼管時代、そして、母校・日体大に戻ってからの指導者時代と、仲間たちと共に汗を流し、どうしたら勝てるのかを常に考えていた毎日でした。中でも、メキシコ、ミュンヘンと2つのオリンピックに出場し、金メダルを獲得できたことは望外の喜びです。

この時々で私を指導してくれた、原田智先生と故中田茂先生、そして公私ともにお世話になった故松平康隆さんには多くのことを学ばせていただきました。指導者となってからは、恩師の教えを自分流に作り上げ、選手とともに涙し、喜びを分かち合えたことは私の宝物となっております。高校時代に活躍したスーパースターを集めたわけではなく、コツコツと努力し、苦労に苦労を重ね、まさにチーム一丸となって戦ってきました。思い起こすと、まだできることがあったのでは……、とも思いますが、多くの方々にご協力いただきながら、ここまで長く続けられたバレーボールに感謝しております。

本書が、私を知る方々の青春時代を思い起こし、これからオリンピックを目指す若きアスリートたちの一助となれば幸いです。

2015年　2月

森田淳悟

ミスターバレーボール　森田淳悟物語

目次

1972年9月9日。
ミュンヘンオリンピック男子バレーボール決勝。
日本対東ドイツ。セットカウントは2対1で日本がリード。
第4セットも大詰め、14対10でサーブ権は日本。

「場内がざわついてまいりました」（実況）

ピー！　主審の笛。一瞬、会場が静まり返った。
猫さんのサーブ。
東ドイツのレシーブ、トス、スパイク。
ブロックに跳んだ大古の指先をボールがこえていく。
振り返ると、ボールはコートの外へ……。
その瞬間、会場が割れんばかりの歓声に包まれた。
コートの中のぼくたちは歓喜の雄叫びを上げ、飛び上がっていた。

「アウト！　アウト！　シューマンのスパイクはアウトであります。日本やりました。金メダルです！」（実況）
ベンチからみんなが駆け寄ってきた。
今でも目を閉じると、まるでスローモーションのように一瞬一瞬が甦る。あの日のことは決して色褪せることはない――。

幼年時代

6人兄姉の末っ子として生まれる

ぼくは昭和22年8月、北海道北見市に姉4人、兄一人の6人兄姉の末っ子として産まれた。両親の結婚後、間もなく戦争が勃発したが、父（幹雄）は近衛兵の沿岸警備隊だったため戦地には行かなかった。父は日清製粉に勤め、栃木県の宇都宮市に住んでいたが、ぼくが産まれる10年前に転勤で北海道に移った。戦時中のことである。北海道には5歳までしかいなかった。覚えているのは、吹雪の中、物置から外を眺めたり、雪の中を遊んでいたことくらい。姉（四女）に背負われている写真がある。

その後、また父の転勤のため群馬県の高崎市に引っ越すことになった。移動は青函連絡船だった。姉（三女）から、「淳悟は四角い革のボストンバックの上にずっと寝ていた」と聞かされた。幼年時代を高崎で過ごした。幼稚園には国道を渡り、県道を通って高崎城の前を通る約3kmの道のりを一人で通った。これだけの道のりを幼稚園児が一人で歩いて通うなんて、いまの子どもでは考えられないことだろう。帰りはお堀に石を投げたり、パチンコ屋さんの戸が開いていたので中に入り、球を拾って弾いたらジャラジャラ出てきて慌てて逃げたという思い出もある。

それから少しして埼玉県の川越市に引っ越した。川越で小学校3年まで過ごして、今度は群馬県の館林市に行った。このときに家に白黒テレビがやってきた。昭和32年といえば、まだテレビが珍しい時代で近所の人が見にきていたのを覚えている。館林では、小学校4年から6年の2学期まで過ごした。

小学校5年生のときに脳内出血で母（ツネ）を亡くした。特に病弱とか過労ということはなかったのだろうが、亡くなる前に一度倒れたことがあった。当時の医療では次の発作で危ないなんてことはわからなかったのかもしれない。いつものように登校すると、忘れ物をしたことに気づき、家に帰ると母が倒れていた。当時の家は学校のすぐ隣、塀一枚隔てただけだったので、忘れ物をするとよく取りに帰っていた。ぼくが第一発見者で、すぐ父に電話して、病院へ運ばれたがもう手遅れだった。

末っ子でとくにかわいがってもらっていたので、ショックは大きかった。外出のときはいつも母と一緒だった。母は子どもたち6人をとても可愛いがってくれていた。正月には父の部下が入れ替わりに挨拶にくるので、数十人分の料理を作っていた。母の手料理は種類も豊富でとてもおいしかった。

館林にいるころまでは下駄を履いてチャンバラごっこに興じ、友だちを集めてはキャッチボールや三角ベースをやっていた。当時の遊びといったらその程度だった。いわゆるガキ大将とは違い、仲間を集めては一緒に仲良く遊ぶのが常だった。兄姉が多く、みな仲がよかったことが影響しているのだと思う。

スポーツといったら、地域の野球大会に出たくらいで、小さいころからスポーツは好きだったが、特別、目立つような子どもではなかったと思う。転校が多かったこともあって、小学校時代の友だちでいまも付き合いのある人はいない。転校生というと普通は人見知りになるのに、転校慣れしていたのですぐに周囲にとけ込む子どもだった。

身長は幼稚園のころから頭ひとつ抜き出ていた。父も小さい方ではないが、曾爺さんが大きかったそうだ。曾爺さんは江戸末期の人で、越後から宇都宮の森田家に養子にきたと聞いている。そのころは籠屋をしていた。

兄姉のなかでもこれほど大きいのはぼくだけで、ぼくの兄（悦充）は176㎝だが、兄の娘が174㎝ある。姉たちはみな161、2㎝である。ぼくには息子が二人いるが、二人とも185㎝でバレーボールをするには少し小さかった。

兄姉みなスポーツが好きで、兄はスキーの国体の候補選手だった。二番目の姉（聆子）はバスケットボールで、三番目の姉（敏子）も軟式テニスで国体に出場している。四番目の姉（聰子）は陸上の選手だった。スポーツをしなかったのは一番上の姉（恵子）だけ。しかし、兄はスポーツよりも勉強が好きで、とにかく小学校、中学校と、「勉強しろ、勉強しろ」とうるさいくらいに言っていた。当時、大学を出たばかりの兄は学校から帰るとつきっきりで勉強を教えてくれた。覚えが悪いと、容赦なくげんこつが飛んできた。ぼくは6人兄姉のなかで揉まれながら育った。

両親の口癖は「うちはお金がない」だった。事あるごとに、こればかり言っていた。いま思うと子どもが6人もいたので、後々のことを考えていたのだろう。

父の仕事の関係で引っ越しは多かったが、引っ越し先はいつも社宅だった。その社宅が引っ越す度に大きくなっていった。社宅と言っても会社が所有する一軒家である。引っ越す度に子ども心に父は偉くなっているんだと実感していた。子どもが6人もいたので社宅とはいえ、それなりの部屋数がないと生活も窮屈だったはずだが、狭いと感じたことはなかったから、地位に応じたそれなりの社宅だったのだろう。正月の2、3日には部下の社員が大勢挨拶にくるので、それなりの構えがないと受け入れることもできない。父は工場長になってからは運転手付きの車で出社するようになった。学卒ばかりの重役のなかで、高卒で重役にまでなったのだから、かなり苦労はしたと思う。高度成長期に常に仕事のことを考えている根っからの企業戦士だった。

中学時代

友だちを誘って陸上部をつくる

小学校6年の3学期に東京に引っ越してきた。中学は東京の狛江中学に入学した。中学に入るとぼくよりも大きいのが二人いて、後ろから3番目になった。中学1年の身体測定では身長が163㎝だったが、中学の3年間で20㎝以上伸びた。部活は野球部に入り、ポジションはファーストかキャッチャー。低学年なので打順はなかった。

そんなある日、突然、父が革のスパイクを買ってきた。当時は革のスパイクは高価で、「買ってくれ」なんて言えなかったのでとてもうれしかった。父は野球と相撲が好きで、いつもテレビで観ていた。野球は巨人で、相撲は栃錦がお気に入りだったので、ぼくが野球を始めたことがうれしかったのかもしれない。

この年に父が再婚した。再婚相手がぼくたちにしてくれたことと言えば、お弁当をつくることくらいだった。ぼくにはすぐ上に高校生の姉もいたので、新しい母にはなつかなかった。姉さんたちも嫁ぐとあまり実家にはこなくなった。

2年の夏休みが終わるころ、野球部をやめる決心をした。野球部にはいわゆる不良が大勢いて、部活に集中できなかったからだ。スポーツは好きだったので、何かできるものはないかと探しているところに、陸上を専門にしていた先生が、「お前、背が高いんだからハイジャンプやってみないか」と声を掛けてくれた。当時、狛江中学には陸上部がなかったので、友だちを誘って陸上部をつくり、秋から走り高跳びをするようになった。当時は中学生が一堂に会する全国大会はなく、ＮＨＫの放送大会というのがあった。ベリーロール（踏み込んだ足の反対側の足を上げて身体を水平になるようにバーを回転して越えていく跳び方）で、確か自分の身長くらいだから１６８㎝程度の記録だったと思う。マットなんかなかったので砂場で練習をした。

中学３年のときが１９６２年。高校進学では複数の高校を受験し、すべて合格した。翌々年の高校２年のときが東京オリンピックである。当時は日本国中がオリンピックでわきかえっていた。

合格した高校のなかからどこに行くかを決めるにあたり、父に相談したが、自分の心の中ではほぼ固まっていた。「大学受験で、また勉強するのはイヤなので、できれば大学の付属にしたい」。そう言って、日大鶴ケ丘に進学を決めた。東海大の付属も合格したが、日大鶴ケ丘の入学手続きをした翌日に合格通知がきたので間に合わなかった。もう一日早く届いていれば東海大の付属に行っていたかもしれない。そうすればバレーボールと出会うこともなかっただろう。そう思うと不思議な縁を感じる。

その日大鶴ケ丘の受験の際の面接のときのことである。順番を待っていると一人の学生が近づいてきた。「きみ、背が高いね。ちょっと一緒に来てくれる?」

「なにかされるんじゃないか……」少し怖かったがついていくと、そこにバレーボール部顧問の原田智先生がいた。それまで9人制だったバレーボールが6人制になり、背の高い新入生を捜していたのだ。高校1年の身体測定では187㎝あった。原田先生は、「お前、背が高いな。バレーボールやってみないか?」と入部をすすめてきた。「バレーボールなんてやったことないです」。そう言って断ると、「一から教えてやる。楽しいからやってみろ。いま入部すると答えたら、合格にしてやる」。そう言われた。

即答などできるはずもなく、それどころか「どうやって断わろう……」。そんなことしか考えていなかった。「帰って父と相談します」そう言って、その場を立ち去った。そのときは、バレーボール部に入るなんて考えてもいなかった。

20

日大鶴ケ丘時代

初めてのスパイク練習で空振り

入学式が終わると、各クラブが新入生の勧誘をしていた。誘われていたこともありバレーボール部を見に行くと、なんと新入生名簿に〝森田淳悟〟とぼくの名前がすでに記名してあった。スポーツは好きだったし、高校生になってフラフラしていても仕方がないので何か運動部に入ろうとは思っていた。できれば、中学でできなかった野球部に入ろうと考えていた。しかし、バレーボール部に行くと、書いた覚えもないのに名前が記入してあり、すでに入部が決まっている。仕方ないのでやってみるかと思い、入部したのがバレーボールとの出会いである。このとき初めてバレーボールに触った。中学の授業にもバレーボールはなかった。冬はラグビーばかり。あとはソフトボールかマラソン大会に向けて校庭をひたすら走っていた。

当時、バレーボールはオープン（屋外）コートである。一緒に入部した同級生は9人、卒業するときは6人になっていた。部員は全部で25人くらいだった。そのころの日大鶴ヶ丘は東京都でベスト4に入る強豪チームだった。東京ではベスト4だが、他県だと優勝できるほどのレベルだった。同級生に「お前知らないの？」と言われたが、そもそもバレーボールに興味がなかったのだから、知るわけもない。

1年のころはいつも泥だらけだった。練習で汚れるのではなく、球拾いで汚れるのだ。当時の練習は日大から何人か先輩が教えにきていた。フライングレシーブはそのときに身に付けた。日大の先輩がいなかったら、バレーの上達はなかったと思う。初めてスパイク練習をしたときに空振りをしたのがで悔しくて、居残り練習をするようになった。朝練もチームでまとまってやることはなかったので、ひとりで早朝から登校し、テニスコートの壁に向かってサーブやスパイクもどきを何回も繰り返し打っていた。高校からバレーボールを始めた連中も個人練習をやるようになったが、ぼくは比較的早い段階でスパイクが打てるようになった。

2年の夏に東京都選抜合宿に

2年の夏に東京都の選抜合宿に選ばれた。選ばれたというより顧問の原田先生に行かされたと言った方がいいだろう。そのときの東京選抜の監督が中大付属の中村四郎先生で、中村先生と原田先生が日体大の先輩、後輩の関係で仲がよかったのだ。そこで原田先生が中村先生に、「大きいのがいるから面倒をみてくれないか」とお願いしたのだろう。

高校用のネットが2m35㎝。それが一般用なので2m43㎝になった。やっとスパイクが入るようになってはいたが、ネットが高くなった分、またも苦労することになった。都内のトップクラスの選手ばかりのところにスパイクもろくに打てない、バレーボールを始めて1年ちょっとのぼくが紛れ込んだのだ。その合宿は1週間だったがとにかくきつかった。スパイク練習のとき「ラスト1本!」と言われるが、上手く打てないと残されて、何本も何本も打たされていた。「これは体力のあるうちに決めておかないと永遠に終わらないな」と思い、始めの一本に賭けた。「森田よし!」。この合宿で大学生や社会人のトップクラスの選手を見て目標ができた。それまではスパイクが打てるようになればいいと思う程度だったが、うまくなるためにひたすら練習をするようになった。

この年、高校選抜の合宿にも参加した。当時は全国大会に出場していない学校の選手は選ばれなかった。しかし、高校選抜の中村先生が呼んでくれて、選抜チームの15人にも入り、日体大の体育館でルーマニアと練習試合をした。この年は東京オリンピックが開かれるので、ルーマニアの代表チームが日体大で調整をしていた。もちろん3対0で負けた。そのときに目の前で世界の一流選手を見て、こんな凄い人がいるんだと素直に驚いた。

高校2年の秋からキャプテンなった。一人で練習することが苦にならなかったので、正月にお年玉をもらうと千葉の宿屋に電話して海岸を走りに行った。当時は東京に住んでいたので、泊まりがけだ。そのときは

四泊した。

学校では、冬の寒い時期はロードワークに出る。すると原田先生が体育教官室から「おい、しっかりやれよ」と声をかけてくる。帰ってきて報告に行くと先生は麻雀をしている。「こっちは寒い中、外を走っているというのに、先生は暖房の入った室内でのんびり麻雀をしているとは……」。ぼくらが学生のころはよく見る光景だったが、いまこのようなことをしていたら大問題になる。

3年の2月に全日本の合宿に参加

3年のインターハイ予選は4チームのリーグ戦で3位だった。決勝リーグではいつも中大杉並に負けていた。いつかは中大杉並に勝ちたい。そう思って練習していた。この決勝リーグには中大杉並と日大鶴ケ丘、聖橋と駒大高校の4チームで優勝を争っていた。下馬評では中大杉並か聖橋のどちらかが優勝するだろうと言われていた。そこで初戦の聖橋との試合で「相手を波に乗らせないようにしよう」と戦略を練った。そして、レシーブの度にコートを拭いてもらうように要請した。この〝作戦〟が見事にはまり、聖橋には2対0で勝った。駒大には1対2で負け、中大杉並にも1対2で負けた。セット数は同じだったが0・01差で駒大に敗れインターハイには出られなかった。インターハイに出ていれば、バレーボール人生が変わっていたかもしれない。結局、3年間インターハイに出ることはなかった。

インターハイに出られなかったので、原田監督が「おれの故郷の小林（宮崎県）で夏合宿をやろう」ということになった。鹿児島、都城とまわり練習試合をしたことを覚えている。練習の合間に都城で霧島に登った途中、雷鳴が轟いたときはほんとうに怖かった。当時はえびの高原の湧き水が川になり、そこが温泉になっていたので、石で囲って即席の露天風呂をつくった。いい気持ちで入っていると、気が付くと服がない。原田監督がこっそ

り持って行ってしまったのだ。仕方がないのでみんなで前を隠して宿まで走った。夜行列車に乗って10数時間揺られて南鹿児島と都城まで行ったのは楽しい青春の思い出だ。

合宿と言えば高校卒業を目前に控えた3年生の2月に突然、原田監督に呼ばれて全日本の合宿に行ってこいと言われた。何もわからず、集合場所の駒場東大の体育館に行ってみると、昨年、東京オリンピックで銅メダルを獲得した人がズラリと集まっていた。あいさつもそこそこに練習に参加したが、走ること以外、体力トレーニングなどしたことがなかったので、ゴムを次々に飛んだり、サーキットトレーニングをしたりと、いままで体験したことのないトレーニングをやらされ、身体が悲鳴をあげた。もうダメだと思って、後ろ

に下がって休んでいると、「森田！　何やってんだ。次はお前だ！」と怒鳴られた。「すみません！　気分が悪くて吐きそうです」「何言ってんだ！　吐くなら、そこに吐け！」。それが全日本男子バレーボール監督の松平康隆さんの第一声だった。

本 日
JAPAN

日体大時代

入学前に洗礼を浴びる

高校からバレーボールを始めたにも関わらず、バレーで大学に行けるとは思ってもいなかった。付属校の日大以外からもいくつかの大学から誘われた。しかし、高校の恩師である原田監督から「大学へ行くなら日体大へ行け」と言われ、その言葉に従って日体大に入学することを決めた。その当時、日体大には推薦制度も特待制度もなく、一般の学生と一緒に受験した。推薦制度ができたのは、ぼくが大学を卒業した3、4年後だったと思う。

日体大バレー部は入学式前の3月に新チームのチーム固めのために、企業のバレーボールチームに試合合宿に行っていた。合格が決まると中田茂監督にこの合宿に参加するように言われた。このときは松下電器との合宿で、ぼくはすぐにレギュラーに抜擢された。合宿の初日に試合があり、松下電器に勝ってしまった。すると、キャプテンがいい気になって「実業団なんてこんなもんか」というなめた態度で二日目の試合に臨むと、今度はまったく歯が立たなかった。実業団からみれば、一日目は甘く見てやられたから、今日は本気でコテンパンにのしてやろうという気持ちだったのだろう。

試合後、中田監督から「ちょっと並べ」と声がかかり、全員で整列した。ぼくもその列に加わった。中田監督は、「貴様らはせっかく、松下電器さんにお世話になって相手をしてもらっているのに、この練習態度、試合態度はなんだ！」と一喝し、チーム全員の横っ面を張った。ぼくもビンタをもらったが、そのとき「あれ？　まだ入学前だよな……」と、内心とんでもないところに入ってしまったと思った。

その日の試合が終わってからマネージャーに、「監督が呼んでるから、風呂行って来い」と言われた。風呂に行くと中田監督が背中を流せと言うので、流しはじめると「お前、殴られたことがあるか？」と訊くので、「バレーボールやってきて叩かれたのは今日が初めてです」と言うと、驚いたようで、「それはすまんかったな」と謝った。中田先生は続けて「でもな、森田。今日のチームの態度は、相手に対して失礼だし、あんな態度で試合に臨んだら、自分たちのためにもならない。それはお前にも分かるだろう」と言うので、「はい、十分に分かります」と答えた。バレーボールというもの以前に、スポーツマンとしての礼儀を教わった気がした。

大学に入学して間もないぼくをレギュラーで使ってくれたということは、いま思うと大変な決断をしたんだと思う。中田先生もぼくに期待してくれたのだろう。そんなことがあり、入学前から日体大バレーボール部の生活が始まった。そのときのレギュラーには４年生が４人と３年生に１９０㎝を超える人がひとりいた。ぼくもそのときには１９４㎝になっていた。

当時の大学バレー界は日体大も強かったが、何と言っても中央大学が一番で、次いで日大、その次が日体もしくは法政大といった順番だった。

日体大バレーボール部の合宿所は自宅から車で20分ほどのところにあった。1年生で合宿所に入ったのはぼくら8人が初めてだったと思う。それまで1年生は大学の学生寮で、バレー部の合宿所に入るのは2年生からだった。大学の学生寮は柔道など、他のスポーツ競技の選手も一緒で、階ごとにわかれて生活し、朝は太鼓の音で起こされた。対して合宿所はバレーボールを本格的にやっている選手だけだった。ぼくらの学年はベビーブーム世代で生徒数が多かったため、学生寮が満杯だったのでレギュラー候補8人を合宿所に入れようということになったのだ。本来ならば1年生が食事当番や掃除当番を担当するのだが、ぼくは新入生ですでに全日本のメンバーだったので、4月の春季リーグが終わるとすぐに全日本の合宿に参加することになり、合宿所生活で1年生がやるべきことはあまり経験できなかった。

当時は、新入生にちょっかいを出してはおもしろがっている先輩がたくさんいた。レギュラーではない上級生のことをぼくらは〝万ゴロ〟と呼んでいた。〝練習もおろそかで、万年、ゴロゴロしているヤツ〟という意味だ。練習試合をしていると、〝万ゴロ〟はヒマなので、アラ探しをしている。合宿所に帰ると1年生を全員集合させ、説教したり、わけもなく鉄拳制裁をする。腹のなかでは、「万ゴロのやつら、しょうがないな」と思っていても、下級生

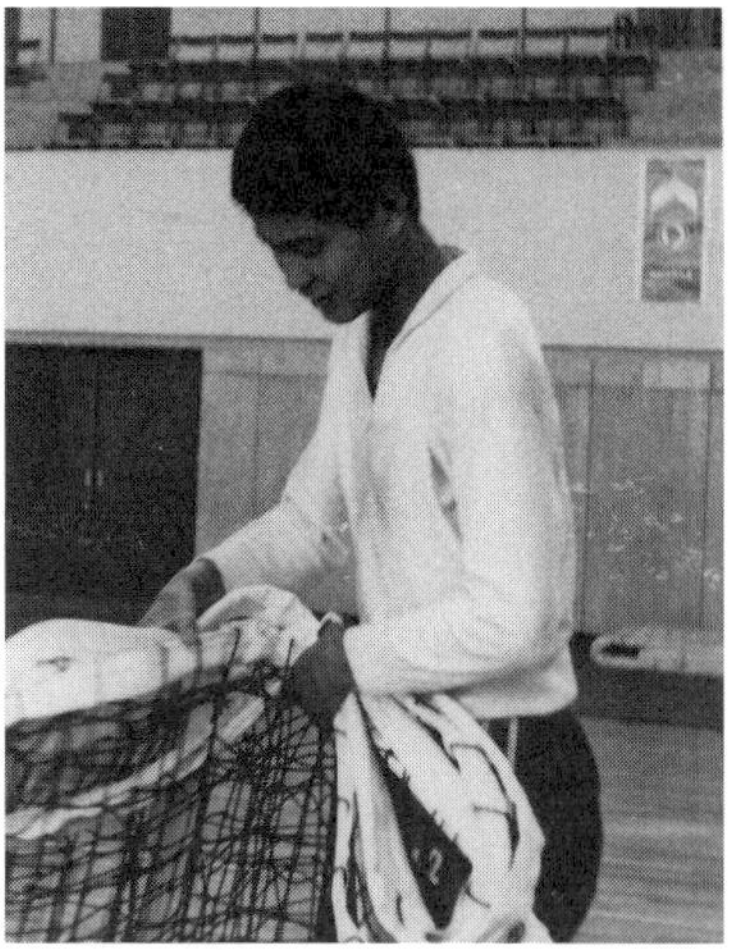

だから文句は言えない。

当時は体育館が深沢（東京都世田谷区）だけにしかなく、男女バレーとさらに他の部活が時間ごとに分けて使うという時代で、上級生から下級生への体罰もあった。上級生が「あのカラスは白いよな？」と言うと「はい、白いです」と答えなければならない、そんな時代だった。夜中に突然、叩き起こされては意味のない集合をかけられたり、まるで軍隊のような合宿所生活だった。食事はご飯と豆腐の味噌汁に、おかずはアジの唐揚げ1個だけというのが当たり前だった。しかし、当時の合宿所の食事はどこの大学も似たりよったりで粗末なものだった。そんなもので足りるわけもないので、いつもお腹をすかせていた。洗濯するにも洗濯機がないので、洗濯板を使って手を擦りむきながら先輩の分も手洗いした。洗濯機が入ったのは4年生のときだった。今のように蛇口を捻ると温水がでるわけでもないので、冬の水の冷たさは半端ではなかった。

全日本の合宿や試合で、あまり〝1年生の仕事〟はできなかったが、たまに食事当番に当たると、前の晩に米を研いでおき、朝4時ごろに起きてご飯を炊いて味噌汁を作る。食事の用意ができたら、深いアルミの器にご飯と味噌汁を入れて、漬物と生卵一個を乗せてみんなに配る。全員の食事が終わるまで8時ぐらいまでかかった。

朝練はなかったので、食事当番ではない者は6時ぐらいに起きてきてボールの汚れを落とし、油をつけて磨くのが日課だった。一生懸命磨くのでボールが四角く変形することもあった。これは冗談ではなく、いまとはボールが全然違うので、本当にボールが変形したのだ。中のチューブを出して空気を入れ、空気が一杯になるとチューブを折って中にしまう。それを革のヒモを使って磨くのだが、これを繰り返していると丸いバレーボールが四角くなってくる。ボールは貴重だったので表面が破けると縫って使っていた。レシーブのときなどその縫い目が当たるととても痛かった。

1年のときは同級生のなかにぼくより上手な選手が何人もいた。オープンコート組にもきれいなパスをする選手がいて、たかたがバレー経験2年半の者と、中学から6年やって

5号室の住人と

きた者との差がはっきり出ていた。体育館のコートは1面しかなかったので、早番、遅番の2つのグループに分かれて練習をしていた。外にはコートが3面あり、女子が1面、男子は2面使っていた。男子部員だけで300人くらいはいたと思う。コートの周りに金網があるが、スパイク練習のときは、ボール拾いの連中がこの金網の外側にも3重ぐらいになっていた。

入学する前から全日本候補に

日体大入学前の3月にぼくは全日本の候補メンバーに選ばれた。バレーボールをはじめて3年で全日本候補に選ばれたことになる。メンバーは全員で28人だが、ぼくが27番目、同じ歳で中大の横田忠義が28番目だった。ぼくはインターハイに出ていないので、ぼくの代でインターハイで活躍した背の大きい選手は横田だけだった。全日本の監督の松平さんから、「森田くんはレギュラーで使ってください」と依頼されていたという話を中田先生に後から聞いた。横田がいる中大にも同じ依頼をしたらしいが、中大は当時、選手層が厚く、大学ナンバーワンのチームだったので横田は1年生ではレギュラーにはなれなかった。

大学の春季リーグが終わるとすぐに全日本の代表選手を選ぶための合宿があった。集められた選手で東西チームを作り、日本各地のチームと選手選考のための試合を重ねた。勝ち負けは忘れたが、ぼくはずっとレギュラーで出場した。そのとき横田は試合に出たり出なかったりだった。最終戦が終わると、全日本のメンバーを発表すると言って、当時の日本バレーボール協会の会長だった『月刊バレーボール』の創始者の前田豊さんが、ひとりずつ名前を読み上げていった。ぼくは選ばれるなんて思っていないので、名前が呼ばれるたびに「あー、あの人か、あの人もか。やっぱり全日本はすごいなー」などと思いながら発表を聞いていた。そして最後の一人になったときに「12番！　森田！」と言われたときは、正直、驚いた。

バレーボールを始めて3年も経っていない素人が全日本の代表選手に選ばれたのだ。周りには全日本で活躍していた選手がゴロゴロいる。そういう人たちを差し置いて全日本に選ばれた。「なんでぼくなんだ？　12人のメンバーに入ってしまった……」。キョトンとしていると、前田会長が、「松平さんが監督で、このメンバーでチェコスロバキアの世界選手権に行く」と続けた。

発表後、松平さんに「モンタ（ぼくの愛称）、ちょっと来い」と呼ばれて行くと、「選ばれてビックリしたろう。お前はこのメンバーに入ってやれる技術はまだまだ持ち合わせていないが、近い将来、日本チームの力になってくれることを期待している」。そう言われた。二度目の驚きだった。日体大のレギュラーとして試合にも慣れていたことが影響したのだろう。

そのとき横田は選ばれなかった。

いまでもそうだが、20歳以下の者が海外に行くときには親の承諾書が必要になる。「今日は遅いから明日の朝早く帰って、お父さんに『海外遠征を承諾します』と、便せん1枚でいいから書いてもらってこい」と松平さんに言われて、次の日の朝5時に合宿先の千葉市内の旅館を出て狛江の自宅に向かった。父には会いに行くと電話で知らせておいた。父は仕事オンリーの厳格な人で、子どものぼくでさえ物を言いにくい人だった。家に部下が来て酒を飲むと、30分も経たないうちに仕事の話になり、それが延々と続く。誰がきてもそうで、ぼくから見ていても部下の人が可哀相に思えたくらいだった。

帰宅して承諾書の件を話すと「なんだ、お前、どこかへ行くのか?」と訊かれた。「全日本のメンバーに選ばれ、8月にチェコスロバキアへ行くことになったんだけど、未成年だから親の承諾書をもらってこいと言われたので帰ってきた」。すると父が、「何日間ぐらい行っているんだ?」と言うので、「まだはっきり分からないけど、50日間ぐらいずっと海外にいるみたい」。こんなあいまいな会話だったが、そのとき父はもちろん、自分でも全日本で海外遠征に行くなんて想像したこともなかったが、とりあえず承諾書を書いてもらった。父は出社前で、会社の車が迎えにきていたので、「お父さん、承諾書を協会に持って行くから、一緒に乗せていってよ」と頼むと珍しく承知してくれた。久しぶりに会ったことだし、車中で話もできると思ったのだろう。車に乗っている間、合宿でのことをいろいろと話すと、「う〜ん……う〜ん……」と頷きながらじっと聞いていた。新宿付近で降ろしてもらい、協会に承諾書を届けた。

本格的にスポーツをやったのは兄姉のなかでぼくだけだったが、父は試合を観にくるような親ではなかった。学生時代はとにかく金がなかった。貧しい家庭ではなかったが、子どもが6人いたので親は大変だったと思う。遠征などは自費ではなかったので、そういう面では家に迷惑はかけなかった。いまのようにアルバイトがあるわけでもないし、あってもぼくはバレーボールの毎日だったからできるはずもなかったが……。

競技団体によっては、いまでも自費遠征があるという話を後輩に聞いて驚いた。オリンピックのブレザー代は競技団体が払うので、資金力のない競技団体は自分でお金を出して買うことになってしまう。

チェコへの前の強化合宿

大学の関東インカレが3位で終わって、全日本の招集があり、菅平にある文部省の施設を使って合宿をした。建物はバレーボール用に造っていないので、窓ガラスにネットが張っていない。そのためスパイクを打ってガラスに当たるとみんな割れてしまう。ぼくは雑用係みたいなもので、いつもちり取りとほうきを持って走り回っていた。練習が終わると先輩たちのユニフォームを全部手洗いで洗濯し、そのあと買い出しに行った。施設は菅平の頂上付近にあったので、麓にある商店街までは結構な道のりだった。それでも毎日、先輩たちに「買い出しはないですか?」と聞いて回って、街灯もない真っ暗な道を歩いて往復した。酒の好きな先輩に「日本酒を1升買ってきてくれ」と頼まれることもあった。

合宿所は薄暗い部屋に二段ベッドが置いてあるだけ。そこで10日間ほど合宿をしたが、その間、一度もコートに入らず、毎日、球拾いとガラスの掃除、そして洗濯と買い出しをしていた。いまはこのような係はないが、ぼくが日本バレーボール協会の強化委員長のとき(2009年)までは洗濯係がいた。洗濯当番はおそらくぼくが最初だと思う。「洗濯係をやれ」とは言われなかったが、大学1年生だったし、大学の合宿所では先輩のものを洗濯するのは当然だったので、その感覚でやるのが当たり前だと思っていた。横田が後で全日本に入ってきたとき「お前が洗濯係なんかやるから、おれたちまでやらされるんだ」とぼやいていた。

ぼくの出身高校は、日本大学付属鶴ヶ丘高校だが、高校に入学するときに契約書のようなものに、『高校卒業後は日本大学の方針に従って……』という項目があり、一筆書いた記憶がある。本来ならば日本大学に入学すべきところだろうが、ぼくは日体大に入った。

世界選手権に出場するときに、日本代表として新聞に名前が載るが、そのときに出身高校も掲載された。その新聞を見た日大の運動部長が、「どうして森田は日体大に行ったんだ」と日大のバレーボール部の監督に訊いたそうだ。すると監督は、「原田さん(日大鶴ケ丘バレーボール部監督)が日体大の出身だから、その関係で行かせたんでしょう」と説明したと聞いている。日大鶴ケ丘出身のぼくが日体大に入ったのは「日体へ行け」と恩師である原田監督に言われたからで、自分の意志で日体大に入ったわけではない。

原田監督はぼくが卒業した1年後に日大鶴ヶ丘高校を退職した。〝日大の環境を壊すような監督は必要ない〟と言うことらしい。そのときは原田監督が中学から引っ張った生徒が何人か日大鶴ケ丘にいたので、自分がいなくなると本格的にバレーボールができなくなると考え、その子たちを引き取ってもらえるよう、他校の先生に頼んで回っていた。

原田監督としては、ぼくの前にも東京でナンバーワンのサウスポーと言われた優秀な選手が、日大へ行っても伸びなかったので、ぼくを潰してはいけないと思ったのだと思う。確かに日大は強かったが、当時は日大に進学してバレーボールを続けられなくなった教え子を何人か見ているので、「日体に行きなさい」と言ったのではないかと思っている。ぼくが日体大に入学した裏にはこんな〝事件〟もあったのだ。

チェコの世界選手権に出発

1966年8月、菅平合宿の後、いったん東京に戻り仕上げをしてチェコに向かった。チェコへはアラスカ回りで行った。初めて飛行機に乗ったが、当時は飛行機を利用する人は少なく、3人掛けの椅子に横になることができた。アラスカの上空で窓からオーロラが見えたときは宇宙とつながっているという感覚を覚えた。オーロラはあの時以来見ていない。

当時、チェコは英語が通じず、こちらの片言の英語はまったく理解してもらえなかった。先輩から買い出しを頼まれても、どこで売っているのかわからないので、絵に描き、身振り手振りで案内をしてもらった。このときは、インスタントラーメンを持って行き、夜食として卵を入れ食べていた。お湯だけは頼まなければならなかったが、お湯を頼むにも、卵をもらうにも、英語が通じないので苦労した。もう一つ、世界の選手と対戦して思ったのは、ヨーロッパの選手はみなデカくてがっしりしていたことだ。ヨーロッパの選手が打つスパイクはぼくらの倍以上のスピードで返ってきた。技術というより、高さとパワーに圧倒された。

世界選手権のプラハの試合会場はアイスリンクに枕木を並べただけのような床で、デコボコだった。「なんてひどい床なんだろう、こんなところで試合ができるのか」と不安がよぎった。ボールがエリアから出ると奥の方まで滑っていってしまう会場だった。

床の悪さはソ連で試合をしたときも同じ。普段はスケートリンクで、その上に板を敷いて作った仮設のもので、日本のようなしっかりとした体育館は諸外国にはなかった。ネットを張るポールも急ごしらえの短いもので、それをチェーンで固定していた。海外の会場はどこもこれと似たりよったりだった。いまは建て替えられたが、日体大の体育館は東京オリンピックに合わせて建てられたので、当時としては最新の工法で造った近代的な体育館だった。

この大会が初めての世界大会だったが、〝選ばれちゃった〟というのが正直なところで、日の丸を背負ったという感激も、責任感もな

番号	氏名	身長	所属
1	小山　勉	181	富士フイルム
2	池田尚弘	186	八幡製鉄
3	佐藤安孝	185	日本鋼管
4	南　将之	196	旭化成
5	徳富　斌	181	八幡製鉄
6	上野倫宏	178	松下電器
7	森山輝久	188	松下電器
8	中村祐造	185	八幡製鉄
9	猫田勝敏	179	専売広島
10	小泉　勲	183	中央大
11	木村憲治	186	中央大
12	森田淳悟	193	日体大

1966年　世界選手権　全日本メンバー

かった。自分にはまだ相応の実力がないのが分かっていたので、やることと言えばボール運びなどの雑用だった。それでも予選で一度だけ、「森田、行け」と言われたので、言われるままにコートに立った。相手はフィンランドだったが、心臓の鼓動が聞こえてくるようだった。緊張して、このときほど試合に出たくないと思ったことはなかった。何もわからずに夢中でボールをおいかけていた。頭で考えて動いていたのではなく、身体が勝手にボールに反応しているようだった。相手チームは明らかにぼくを狙ってサーブを打ってくる。日体大の1年生だったので坊主頭だったので目立ったのかもしれない。「やだなー」と思いながらレシーブをしていたが、セッターの猫田勝敏（猫さん）さんに返すというよりは、ボールをただ上に上げるので精一杯だった。

猫さんにしてみれば「せっかくモンタが入ったのだからモンタに打たせてやろう」と思ったらしく、ぼくにトスを上げてくれるのだが、ミスをするのが怖いので打ちたくなかった。しかし、猫さんが上げてくるので打たないわけにはいかない。ブロックなどまったく目に入らず、ボールしか見えない。ホームランを打ったり、完璧なブロックを食ったり……。それでも5、6点取らせてもらった。

無我夢中だったので、「これが世界か」とか、「世界に立ち向かうにはどうすればよいか」などという思いは何もなかった。ただ「すごい」という思いだけだった。これがぼくの全日本としての海外試合でのデビュー戦だった。

チェコに出発する直前、松平さんの一人息子が塾の遠足で黒部にでかけ、景色を見ているうちに、崖から10mほど下に転落してしまった。打ち所が悪く、意識不明の状態が続くというアクシデントがあり、松平さんがチェコの世界選手権に来たのは期間の終盤の方だった。松平さん不在のときは団長の前田さんとコーチの中村四郎（中大付属の監督）さんが監督代行となった。二人が作戦タイムのタイミングを「まだ、いい」とか、「もうダメです」とか言いながら、ブザーを取り合っていたのを覚えている。

この世界選手権は開催国のチェコが優勝して、共産圏が上位を占め、日本は5位だった。試合前にチェコなど共産圏チームの練習を見

たが、スパイクをボッコン、ボッコン真下に叩き付けていた。パワーがあるのでバウンドしたボールがピンポン球のように遠くまで飛んで行く。日本チームで一番背の高い選手は南将之さんだったが、さほどパワーのある人ではなかったし、迫力があるタイプでもなかった。そのこともあって日本チームは、ヨーロッパや共産圏の国々とは歴然としたパワーの差を感じた。

世界選手権が終わって、南回りでフランス↓モロッコ↓チュニジア↓イラン（この当時はパーレビ国王の王制）↓タイ↓香港と回って、試合をしながら帰国した。全日本に入って、いろいろな国に行ってやろうなどという気持ちはなかったが、多くの国を回って試合をし、楽しい思いもできるのだなと実感した初遠征だった。

1年の秋のリーグでブロック賞

帰国すると、大学の秋のリーグ戦が始まっていた。日本に着いた日が土曜日で、ちょうどその日は姉（四女）の結婚式だったので式に出席した。しかし、リーグ戦の練習があるので、披露宴の半ばで抜け出して、大学に戻った。

日体大バレーボール部は、1年生は原則坊主頭なので、遠征中に伸びていた髪を床屋できれいな坊主頭に戻してから練習に参加し、休む間もなく次の試合から出場した。そのときリーグは3試合終わっていたので、ハンデがあったがブロック賞を獲ることができた。

ぼくが1、2年のときはリーグ戦もインカレもだいたい3位だった。1年のときの天皇杯は埼玉県の川越市で行われベスト8だった。全日本インカレはだいたいベスト4止まりで、4年間、優勝はなかった。いまの東日本インカレがまだ関東インカレと言っていた時代だが、4年のときに初めて関東インカレで優勝して、ぼくたちが卒業した翌年に全日本インカレで初優勝した。ぼくが学生のとき、常にインカレで優勝を争っていたのは中央大と日大だった。

中田監督は普段は優しい人だったが、練習や勝負には厳しかった。この年の早稲田大学の記念講堂で行われたリーグ戦で、早稲田と法政と両試合ともフルセットを戦ったとき、2日間でスパイクを500本近く打って、とうとう肉離れを起こしてしまった。あの頃は他大学がみな「森田の日体に負けるな」と、明らかに他大学との試合とは違い、目の色をかえてかかってきた。

その試合は惜しくも負けてしまい、中田監督もよほど悔しかったのだろう。「貴様ら、(深沢まで)歩いて帰れ!」と怒った。そして、大学まで直線距離で約12キロの道のりを歩いて帰ることになった。しかしぼくは肉離れをしていたので、キャプテンが、「少し歩いたら、あとは電車で帰れ」と言ってくれた。

また、関東インカレの練習だったと思うが、体育館が停電になったことがあった。選手が、「暗くてボールが見えません」と言うと、中田監督は、「暗くてもいい。心眼でやれ」と言うような人だった。確かに関カレ前なので練習をやめるわけにもいかないので、薄暗いなかで練習したが、薄暗いほうがかえってボールに集中できた気がする。中田監督の言うことにも一理あった。いまは志賀高原で合宿をしているが、カミナリで停電することがある。選手たちは暗くなるとすぐに練習を中止するが、ぼくは、「暗くても心眼でやればできる。心眼でやれ！」と言う。すると選手たちは、「先生、心眼ってなんですか？　そんなことできるはずありません」と笑うのだ。時代の違いを感じる。

全日本の練習がないときは、ぼくも他の1年と同じように外のコートで練習した。冬でも短パンとランニングシャツ1枚だ。ぼくらは動いているからいいが、ボール拾いは寒くて大変だったと思う。悪い先輩がいて、練習中、遊び半分で後輩をしごく。中にはサッカーのようにボールを遠くに蹴るヤツもいた。下級生はそれを拾いにひたすら走る。深沢の体育館の裏に呑川という川があり、いまでこそ整備されているが、当時は遮る物もなく転がるボールを、ひたすら取りに行かせるひどいヤツもいた。

メキシコを終えてからミュンヘンオリンピックまでが一番ハードな時期だった。松平さんには、若い選手を伸ばそうという狙いがあり、ぼくと横田と嶋岡の3人が、大学の練習が終わった後、毎日、参宮橋に通うことになった。そこが全日本のホームグラウンドのようになっていた。スパイク練習では、三人しかいないので一人がトスを上げて、一人がスパイクを打って、一人がブロックに飛ぶ。そのローテーションをエンドレスで繰り返した。日々ハードな練習をしていたぼくらにとっても大変な練習だったが、あの練習で実力も自信も得ることができた。大学のインカレが終わった後、学生は試合がなくなり比較的時間ができるのでその時期を狙ってのトレーニングだった。

このころの一日のスケジュールは、大学の練習が授業が終わる夕方の4時に始まる。オープンコート（外の土のコート）で6時まで練習。遅番の日は5時30分くらいになると「1軍は上がれ！」と号令がかかる。水道で身体についた泥を洗い流して、シャツと短パンを着替えて8時30分くらいまで体育館で練習する。全日本の練習があるときは、8時になると練習を切り上げて参宮橋に向かう。参宮橋の練習後に腹が減るので途中で何か食べてから寮に戻るのは、夜中の1時くらい。そんな毎日だった。

食事当番のときは朝4時過ぎには起きなくてはならない。そうすると同級生が、「いいよ、森田は寝てろよ。お前は当番やらなくてもいいから」と気を遣って代わってくれた。

全日本の遠征がはじまると、学校の練習にでることも少なくなる。たまに顔を出すと同級生に「森田、いつまで大学にいられるんだ？」と聞かれる。「10日間ぐらいいるよ」と答えると、「10日か」と言う。なぜこんなことを聞かれるかと言うと、ぼくのいる10日間は学年への上級生からの説教がなくなるからだ。上級生もぼくには気を遣っていたようだ。全日本に行く2日前くらいになると「森田、また行っちゃうんだな」と同級生が淋しいことを言う。ぼくがいなくなるとまた上級生の説教が始まるのだ。

先日、富山で同期会をやったが、幹事が48人分の名簿をつくってきた。彼らが言うには「森田はおれたち同期のシンボルだった」そうだ。オープン（9人制）の連中が、遅番のときにインドアに入ってきて球拾いをするときも「森田が練習であんなに頑張っているんだから、おれたちもがんばろう」とみんなの励みになったと言っていた。1年生にとっては、上級生が練習しているのをただ見ているよりは、自分たちの仲間が一生懸命やっていると思えば励みになるし、頑張り甲斐があったのだと思う。

2年のヨーロッパ遠征

2年生になると、全日本の合宿や海外遠征で大学の練習には参加できない日が続いた。合宿所の消灯は10時30分だったので、全日本の練習から夜中に帰るとみんな寝ていた。それまで学生寮にいた1年生も2年生からはみなバレー部の合宿所に入った。合宿所のなかでは一番下の学年になるため、部屋の掃除や食事当番になる。ぼくは夜中の2時に帰ってきても朝の6時半に起きて掃除をした。すると同学年で同室の岩本洋がある日、「森田は遅くに帰ってきて疲れてるし、かわいそうだから寝かせておいた」とぼくの分まで掃除していたので、ぼくは、「2年生は掃除をする決まりなんだから、掃除はする」と本気で喧嘩したこともあった。喧嘩をした翌日、岩本はあれだけ言われたのでぼくを起こした。すると今度はぼくは起きなかった。しばらくして起きると、「のそのそ起きて来て、大きいのがもたもたしていると邪魔だから、ゴミだけ捨ててくれ」と、ゴミ当番にさせられた。責任感は人一倍強かったと自分でも思うが、身体が言うことを聞いてくれないこともあった。いま思えば同学年の思いやりをありがたく受け取っておけばよかったかもしれない。

この年（1967年）は、ユニバーシアードが東京で開催された。ぼくは全日本とユニバーシアードの両方の代表選手になっていた。東京大会だったが、共産圏の有力国が不参加だったこともあり、男女ともバレーボールは優勝した。

このときの監督も松平さんだったが、クイックを打つときにタイミングが合わずにチップ（ボールを指先で叩く）すると、メンバーチェンジをさせられて、「パチンと打て！」と怒られた。この表現がわかりやすかったので、ぼくもアタックを指導するときは、いまでも、「パチンと打て！　音がしない！」と言っている。ぼくらが学生のころはユニバーシアードにも全日本の監督がベンチに入るなど、全日本とのつながりがあった。全日本の選手でもユニバーシアードに出るし、ユニバーシアードの選手が全日本に入るのが当たり前だったので、日本のチームは強かった。残念なことにいまはそれがない。大学生が強くならないとシニアも強くならない。

同じ年にはヨーロッパ遠征があった。横浜港からハバロフスク号という約４００人乗りの船に乗り、津軽海峡を通って旧ソ連のナホトカに行き、ナホトカからシベリア鉄道でウラジオストクへ、ウラジオストクから５００

番号	氏名	学年／身長	所属
1	古川武司	／172	松下電器
2	白神　守	／176	日本鋼管
3	小泉　勲	4／183	中央大
4	木村憲治	4／186	中央大
5	浜田勝彦	4／178	中央大
6	三森泰明	3／182	中央大
7	狩野高朝	3／183	中央大
8	横田忠義	2／193	中央大
9	角田正三	4／194	日体大
10	田村正克	4／188	日体大
11	森田淳悟	2／193	日体大
12	野口泰弘	3／185	日大

監督	松平康隆	
コーチ	橋本篤治	

1967 年ユニバーシアード東京大会　全日本メンバー

スパイクを放つ森田

1967 年ユニバーシアード東京大会　優勝

人乗りの双発のプロペラ機でモスクワへ行くというルートだった。当時は航空便よりも航路便のほうが日数はかかったが運賃が安かった。当時の日本バレーボール協会は資金力がなかったので、飛行機より安上がりな船を利用したのだ。ぼくが全日本に入る前にも船で海外遠征をしたという話は聞いていた。ボールを船から海に落とさないように注意しながら船上でパスやレシーブの練習をしたという。

ところが横浜港を出航してしばらくすると台風にあい、立って歩けないほど船が激しく揺れて食堂にも行けなかった。津軽海峡を抜ける前に食堂のガラスが割れるほど船は大揺れに揺れた。このままでは危険な状態になるので、船は台風の目に入り、影響を最小限にするために、やむなく船は東へと流されていった。台風の目というのは風がなくなるのだが、船の場合、進路は台風に任せるしかないのである。台風がくるまでは船内で食事をとっていたが、台風がきてからは食事もままならず、トイレですらおぼつかない。ひどい船酔いにもなってしまい、ボーイが林檎と固いパンを持ってきたが、パンを食べると水を飲まなくてはならず、水を飲めばもどしてしまうので、丸2日間林檎だけを食べていた。松平さんは、「もう次から船は利用しない」と言っていた。そのときのメンバーは横田、大古誠司、佐藤哲雄の他に、下にも嶋岡健治などの若手が何人か入ってきていた。

いまもそうだが、国際試合では開催国に入ると、費用はすべて開催国が持つことになっている。ナホトカから列車を利用すると、その費用は全部ソ連が持つ。逆にソ連が日本に来たときは、日本でかかる費用はすべて日本が持つ。国際大会ではそういう約束ができている。

ようやく台風が抜けて津軽海峡を通ってナホトカへ着いたが、通常2日で着くところを3日かかってしまった。ナホトカについたときには、まだ波に揺られているかのように身体は左右に揺れていた。台風のおかげでスケジュールが丸1日ずれ、ナホトカで6時間も列車を待つことになった。列車が来ても、その列車には前もって予約を入れているわけでもなく、6人部屋2つに18人が押し込められるという大変な思いをした。しかし、そのおかげと言っては何だが、この間とても有意義なミーティングができた。ソ連の固いパンをかじりながら、シベリア鉄道でナホトカからウラジオストックの軍港まで18時間、ひざをつきあわせた状態で延々とミーティングが続いた。

ぼくはうとうとしながら聞いていたが、いつの間にか眠っていた。どのくらい寝ていたのかわからないが、目が覚めるとまだミーティングが続いていた。起きたばかりでボーっとした頭で話しを聞いていると、大古が先輩から、「大古よ、お前は口のきき方を知らない。直さないといけないぞ。それにお前は少しわがままだ」と注意を受け、大古は「ぼくは、そんなつもりで言ってるわけじゃないんですけど……。すみません」と言い訳していた。そうこうしているうちに心がひとつになり、絆ができあがっていった。

ウラジオストックからモスクワまではソ連のプロペラ機で向かう。ここでも予約はしていないので飛行機に乗るときもみんなで並んで順番を待った。ぼくと木村憲治さんが一番最後に並んでいると、飛行機が定員一杯になってしまい、ぼくらの前で「ニエート（ここでおしまいです）」と言われた。二人だけおいていかれるわけにはいかないので、松平さんが交渉して、何とかスチュワーデスが座るクッションの悪い折りたたみ椅子に座らせてもらうことで搭乗できた。テーブルがないので機内食もトレーを膝の上に乗せて後ろ向きで食べるのだが、船酔いがおさまっていなかったのであまり食べられなかった。おまけにスチュワーデスの席はドアの近くにあるので、ものすごく寒くて眠ることもできなかった。そんな状態のまま10時間かけてようやくモスクワに着いた。

モスクワに着くと、ただでさえ胃腸が弱いところにもってきて、さんざんな行程のために疲れが出て、ぼくは胃炎になってしまい、差し込みと嘔吐の繰り返しとなってしまった。モスクワから飛行機で3時間かけてリガに行ったが、その飛行機のなかでも吐き気は治まらず、何度も吐くが、何も食べてないので吐くものがない。このときは本当に苦しい思いをした。到着した空港からそのまますぐに病院に連れて行ってもらったが、点滴などなく、注射を1本打っただけだったので胃炎は治まらず、ホテルに帰ってからもひたすら寝ているしかなかった。

NIPPON

次の日、目が覚めると体調はまだ戻っていなかったが、一日遅れて会場入りしているので、その日の午後には試合があった。午前中の練習をしているとき、松平さんに「モンタ、どうだ?」と訊かれた。こんな場合、ある程度の状態なら「大丈夫です」と答えるところだが、本当に身体が動かなかったので「ダメです」と答えると、松平さんは「そうか」と言ったきり何も言わなかった。当然「今日は休める」と思っていると、最初からスタメンで起用された。

体調が悪いので満足なプレーができない。まともなバレーができないだけでなく、脚が痙攣して1セット目で早々とリタイヤとなってしまった。相手はリガの青年団選抜チームだった。5セット戦って、ぼくを筆頭に猫さん、大古などメンバーが5人代わった。6人目の木村憲治さんも脚を振り出した。そんな彼にぼくは「木村さん、木村さんが交代したら、この試合は没収試合になってしまいますからね」と自分が体調が悪く、早々と交代してしまったので祈るような気持ちだった。木村さんはなんとか最後まで試合をこなしてくれた。横田は、あれだけ大揺れに揺れた船の中でもケロっとしていた。みんなが体調を崩すなか、横田だけは調子がよかった。続く、ルーマニア戦、ソ連戦を終え、ルーマニア国際招待大会は4位だったが、横田がひとり気を吐き最優秀スパイカー賞を取った。

ぼくは全く元気が出ないのでずっと下を向いていた。今風にいえば少しウツになっていた。かっこよくいえばスランプ。スランプというのは上手な人がなる。王貞治さんがポンポンとホームランを打っているのが、突然打てなくなったらスランプだが、二軍の選手が打てなくなってもそれはスランプとは言わない。松平さんにも「みんなの顔は生き生きとしているのに、モンタよ、お前一人だけ、つまらない顔でやってる」と言われた。

スパイクは打てなくなり、ジャンプもまともにできない。なによりバレーがおもしろくなかった。日本に帰ったらバレーボールをやめようと真剣に思ったくらいだった。身体の調子は悪いし、いくら練習してもうまくいかない。食事をしても自分でも分かるぐらいいつもの食欲ではなかった。松平さんにも「モンタ、みんなで食事をするときぐらい、もっと楽しそうに食べろ。お前がつまらなそうな顔をして食事をしていたら、チームのためにならない」などとさんざん怒られた。しかし、いくら怒られても、肉体的にどうすることもできないので仕方がない。そのときは遠征の40日間程、ずっと熱が続き、何をやってもうまくいかない辛い日々の連続だった。この環境を変えなくてはいけないと思ったが、ヨーロッパではどうすることもできない。日本に帰って気分転換をしなければダメだと思った。早く日本に帰りたかった。

帰国するとリーグ戦がはじまっていた。下級生ながらもエースだったからスランプなんて言っていられない。リーグ戦も半ばになるとバレーボールがいやだなどという気持ちは吹っ飛んでいた。スランプから脱出した。いま思えば、自分ではわからなかったが、あのヨーロッパ遠征での体験が精神的なたくましさを植え付け、逆境に立ち向かう心を作ってくれたと思っている。身体の不調が、心に与える影響というものは予想をはるかに超えたものである。想定外のことが起こっても対処できるように心身を鍛えておくことの大切さに気付いた体験であった。その後、何度も遠征を経験し、海外へ出かけることも数多くあったが、このときのように体調を崩したことは一度もない。

メキシコ前の全日本での練習

メキシコオリンピックまでは、日体大での練習は4時にオープンコートに入り、6時にあがって一軍の練習に参加し、8時くらいから参宮橋に行って夜中の1時に帰ってくる生活がずっと続いた。日体大でも下級生なのでさぼれないし、参宮橋でも松平さんと斎藤勝コーチが見ているのでさぼれない。ぼくと横田と嶋岡の3人でトス、スパイク、ブロックをローテーションしながら続けていく。スパイク練習のときはぼくもトスをあげた。

全日本の合宿では、全日本の正セッターには猫さんがいたが、みんながすべてのポジションの練習をした。いまはクイックならクイックだけ、エースはエースのプレーだけしかやらないが、ぼくらのときにバックアタックはなかったが、みんながクイック打って、みんなが時間差打って、みんなが平行トスや二段トススパイクをこなした。分業制だったのはサーブレシーブだけ。いまVリーグの会長をしている木村憲治さんとぼくが要だった。どちらかが後ろにいったら、どちらかがメインでとる。サーブレシーブもバックにいくとぼくがサーブレシーブをした。練習内容はぼくたちの時代とそれほどかわらないが、いまの選手はサーブレシーブの練習が不足しているように感じる。

メキシコの前もミュンヘンの前も、辛かったのはコートの中に6人入り、ひとつのポジションで連続5本決めないとワンローテーションできなという練習だ。いまの全日本

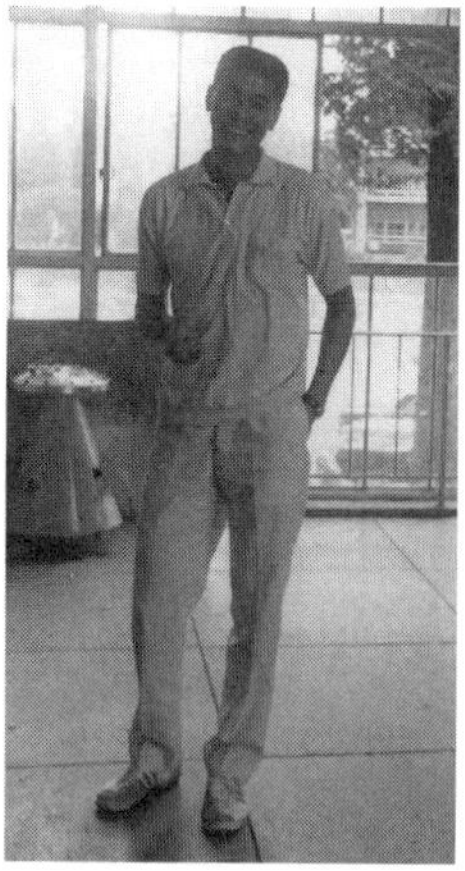

チームでこの練習をしても続かないだろう。サーブレシーブをして、トスをして、スパイクをしてフォローする。それを落とすとまた1本目からやりなおし。6人制というのはひとつ必ず弱いところがある。30分も40分も同じことを繰り返す。いやになっても終わらない。やらないと回らない。しかし、この練習は思わぬ成果を生んだ。繰り返しの練習が〝チームの我慢〟につながったのだ。みんなが心を合わせないと終わらない。一人でもくさってやめることのないように心を合わせなければならない。辛かったがいい練習だった。

日体大の監督になって、同じ練習を連続3本にして、落としたら1本増やすことにして学生にやらせたが、まったく終わらず、さらに本数が増えていった。

全日本での練習は、時期によって実践練習とスパイクならスパイクだけの練習と比重が違ったが、レシーブとスパイクにかける時間は半々くらいだった。なかでもぼくはブロック練習が多かった。ぼくたちレギュラーがブロック練習のときは、レギュラー以外の者がスパイクを打つ。長いこと一緒に練習しているので、癖や個性がわかってくる。「あいつはここに打ってくる」とわかるので簡単にブロックすることができた。

メキシコオリンピックまでは自らもこれ以上できないというくらい練習したし、やらされた。「21歳で若いから……」などと言ってはいられなかった。「19歳だろうが32歳だろうが、コートに入ればみな同じだ。若いからミスしたなんてことでは国際試合では通用しない」。このことは事あるごとに松平さんが言っていた。メキシコのとき嶋岡は2つ下なので19歳だったが、同じように扱われた。松平さんは、バレーボールの技術以外にも、いろいろなところに影響力のある人だった。

バレー人生を変えた〝プラハの春〟

1968年、メキシコオリンピック前のヨーロッパ遠征で、5、6つの試合後、チェコの首都ブラッチスラバからプラハに出発する朝だった。歴史が変わる瞬間である、〝プラハの春〟に出くわした。

このとき、ぼくは移動前の時間でカットグラスを買おうと思っていた。松平さんの家におじゃますると、チェコの花瓶やブランデーグラスが飾ってあった。当時は日本のデパートでチェコソロバキア展が開催されることがあり、そこに松下さんのコレクションが展示されるくらい立派なものだった。ぼくはそれにあこがれていた。現地では日本の5分の1から6分の1の値段で買えると聞いていたので、そのためのお金を残しておき楽しみにしていた。

すると、朝の4時くらいに物凄い勢いでホテルのドアを叩かれた。開けると南が、「チェコにワルシャワ軍が入ってきた！　荷物をまとめて、日の丸つけてホテルから出ろ！」と急き立てた。日の丸は日本人だとすぐにわかるようにつけろということだった。

オリンピックのような遠征だとその国に入ってからも日の丸をつけているが、バレーの親善試合や強化試合だと、日の丸をつけていると共産圏でも比較的簡単に税関を通ることができたので、税関を通るときくらいしか日の丸をつけなかった。

日の丸をつけてホテルを出ると、ホテルの前では、ラジオから盛んに侵攻の様子を伝えるニュースが流れていた。その傍らでチェコの選手たちが「チェコスロバキアの最後の自由な国歌です」と言って泣きながら国歌を歌い、ソ連製のアントーノフという戦闘機が上空を旋回しているのを睨みつけていた。

ぼくらはなにも言えず、ただじっとチェコの人たちの様子を見ている他なかった。しばらくすると、チャーターしてくれたバスがきた。北には行けないので南のオーストリアのリンツという町に行くと言う。「もうあなたがたはプラハには行けないから、ここから南に1時間くらい行くとリンツという町がある。そこへ行き、チェコスロバキアの国旗が立っていれば、そこから脱出できる。国境に国旗が立っていたら、あなたがたは安全だ。さぁみなさん早く行きましょう」

一緒に通訳やチェコの選手も乗ってきた。リンツに、チェコの選手も全員きてくれると言う。「プラハが大変なときに見送りはいらない。あなたがたの国はいま大変なことになっている。プラハに行かなくていいのか」と訊くと、「あなたがた日本のみなさんは、私たちのお客さまです。みなさんが安全にチェコを脱出するのを見届けるまでは、私たちに責任があります」と言うのだ。

チェコの選手は、国旗をつけて、ただバレーボールをやっているだけではなく、国のため、そして招待した国の選手や関係者の安全を守ることまで教育されてバレーボールをやっているんだと理解した。バスのなかで通訳が「彼らは小さいときからこういう教育を受けている」と言っていた。日本人でここまで考えて日の丸をつけている選手は一人もいないだろう。もしぼくが同じ立場だったら「東京が大変だから自分は帰る。あなたたちも自分らで帰ってくれ」と言っただろう。試合どころじゃないと。

チェコに入ったとき、通訳が「チェコは自由になりました。町を歩きながらでも政治の話ができるようになった」と話していたばかりだった。しかし、別れるときには「何か聞かれたらバレーボールの話はしてもいいが、政治関係の話は聞かなかったことにしてくれ」と言われた。

リンツからチロルのアルプスの間を走るバスの中で、ぼくは初めて日の丸をつけて戦うことにプライドを持ち、日の丸をつけて試合をするということの重大さを、国旗の重さというものを思い知らされた。それからバレーボールに対する意識が変わった。それまでは勝つということに対する意識が疎かった。ハングリーさもなく、高校からバレーボールを始めて1、2年で全日本に入ったので、こんなもんかと思っていた。ぼくは彼らの言葉を聞き、行動を目の当たりにして、ぼく自身が日の丸の意味や日の丸のため、日本のバレー界のためなどということを考えたことがなかったことに気付かされたのだ。

主都プラハは戦闘機が飛び交い、戦車が走り回り、まさに戦争状態にあった。そういった状況にもかかわらずチェコの選手は、リンツの町まで一緒にバスに乗ってわれわれを送ってくれた。共産圏から資本主義圏に行く間、バスの窓からパスポートを何回も確認された。国境につくとチェコの国旗が立っていた。その国旗を見た瞬間、バスのなかで「ブラボー！」と声があがった。

チェコの選手と「メキシコオリンピックに必ず行くから、メキシコで会おう」と握手をし、再会を約束して、リンツの公園で別れた。そして彼らは乗ってきたバスに乗り込み、それぞれの家族のもとへと戻って行った。その後すぐ、松平さんが日本大使館に電話して「みな無事です」と伝えた。

あの〝プラハの春〟に出くわしてなかったら、ぼくは日の丸のために戦う選手になっていたのだろうかと自問した。もしも、チェコの国旗が立っていなかったら、チェコを出国することはできず、チェコに留め置かれていただろう。当時、共産圏の情報は日本に入ってきていなかった。

日本の新聞の夕刊に〝全日本男子バレーボールチーム行方不明〟とデカデカと出たらしい。〝プラハの春〟のような状況になると、無線も電話線もみな切断されてしまう。この遠征には、中日スポーツと日刊スポーツとスポーツニッポンの記者が一人ずつ同行していたが、彼らは「私たちはチェコの選手たちと一緒に戻ります」と言ってチェコへ戻るバスに乗り込んだ。

そのなかに、後の中日ドラゴンズの球団社長となった西川順之介さんがいた。西川さんは早稲田の出身で、早稲田から初めてアメリカにバレーボールを勉強しに行き、６人制バレーを直接教わり日本に導入した一人だ。その西川さんから後で聞いた話だが、記者としてリンツから戻ると、ものの10分もしないうちに戦車に出会ったという。プラハに入るとパスポートを調べられカメラを確認されたそうだ。壁や建物の至る所に鉄砲や大砲の弾の穴が開いていて、それを撮っているとソ連の兵隊にカメラを取り上げられ、フィルムはその場で破棄、銃をつきつけられ拘束されたと言う。その後、西川さんたち一行が日本に帰ってきたのは〝プラハの春〟から10日ぐらい経ってからだった。

当時のチェコのスポーツ選手たち、ザトペック（エミール・ザトペック。1922年生、チェコスロバキアの陸上選手。ロンドン、ヘルシンキのオリンピックでマラソンなど4

つの金メダルを獲得。2000年没）やチャスラフスカ（ベラ・チャスラフスカ。1942年生、チェコスロバキアの体操選手。東京、メキシコのオリンピックで個人総合など7つの金メダルを獲得）は西側寄りの選手だったので、「以後、何年かは自由な生活ができなかった」と後にベラが語っていた。

ぼくたちが運よくチェコを脱出できて無事帰国できたのは、リンツで松平さんが日本大使館にかけた一本の電話だった。帰国するにあたり飛行機がないのでバスをチャーターしてもらった。リンツの町から北西のウイーンに向かう途中、オーストリアのチロルの麓を暗闇のなかずっと走り続けた。このような危機に直面したときは、リーダーの資質と機転が重要になる。実際、松平さんを見ていて、リーダーたる者はどうあるべきか、どのような判断を下すべきか、大いに考えさせられた。混乱のなかで30人近い選手を統率しながら、次の国へ向うルートを模索しなければならない。費用の工面や交通手段を得るための語学力も必要となる。当時は、インターネットもないし、費用もいまならカードでどうにかできるかもしれないが、当時は現金で調達しなければならなかった。「監督というのは大変な仕事だ。試合の監督だけすればよいのではなく、どんな緊急時にも対応できる資質を持ち合わせていなければならない」とそう思った。このときは将来、監督になるなどとは夢にも思っていなかったが、この時の体験は後の自分の監督人生の柱になっている。

その後、なんとかウイーンに出て西ベルリンに入り、そこからは通常ルートで帰国することができたが、結局、カットグラスは買えなかった。

3年で迎えたメキシコオリンピック

〝プラハの春〟の後、メキシコオリンピックでチェコの選手と再会したときは本当に嬉しく、共に再会を喜び合った。

オリンピックでは、チェコの選手はソ連の選手とは試合前の握手もしなかった。ソ連が1位でチェコが3位だったが、表彰式のときにチェコの選手は、掲揚される国旗を見ずに反対側を向いていた。自由だった自国が占領されてしまったのだ。チェコスロバキアの民族は頭のいい優秀な人たちだ。チェコの選手の半分くらいが軍人だった。監督の松平さんはその光景を目の当たりにして「チェコの選手の態度は仕方ないな。国を侵されてしまったんだものなあ」と感慨深げにつぶやいていた。チェコが強かったのは、メキシコオリンピックまでだった。いまの日本とチェコが対戦したらチェコの方が強いかも知れないが、メキシコ以降チェコのバレーは明らかに低迷している。

ぼくたちは、ソ連には勝てると思っていたが、ソ連の高さとパワーに負けた。ところがそのソ連は7位のアメリカに負けたのだ。

ソ連戦やブルガリア戦の後、ぼくは次のミュンヘンにつながると確信した。ぼくもまだ21歳だったし、メキシコオリンピックには学生が4人も入っていた。日体大のぼくと、中央大学から、三森泰明（22）、横田忠義（21）、嶋岡健治（19）の3人だ。そのこともあり、ミュンヘンでは金を獲ることを目標にした。

メキシコオリンピックでいまでもはっきりと覚えているのは、ブルガリア戦とチェコ戦だ。ブルガリア戦はセットカウント3対0で勝ったが、3セット目の15点目のときに続けて2本、ぼくのところにトスが上がった。そ

メキシコの競技場の前で

メキシコに出発

れをものの見事に2本ともブロックされたのをはっきりと覚えている。これでメダルだと思うと力んでしまった。力むとまだまだ通用しなかった。初戦のポーランドにも3対0で勝ったが、ポーランドにはアンボロジャックやスコーレックなどの名プレーヤーがいた。

決勝リーグは10チームの総当たりで、優勝したソ連が8勝1敗、2位の日本と3位のチェコが7勝2敗で並んだが、負けた試合以外すべて日本は3－0で勝っていたので2位になれた。順位はセット数で決まった。日本が24－6、チェコは22－15だった。チェコとの試合はフルセットの末2－3で負けた。〝プラハの春〟のときのチェコとの親善試合では5試合やって2試合しか取れなかった。なにしろチェコは選手一人ひとりがうまかった。負ける展開ではないと思っていても、個人技でやられていつの間にか負けてしまうのだ。そのため「メキシコではなんとしてもやっつけよう」とミーティングで何回も話し合い戦略も練っていた。試合開始から2対1で有利に進めていた。それから2セットを連取され3対2で逆転された。あいかわらずのテクニックだった。チェコに勝っていれば金メダルだったのが悔やまれる。

ソ連が試合時間になってもこないことがあった。相手チームはブルガリアだった。渋滞に巻き込まれて到着しなかったのだ。30分くらい試合開始が遅れ、本来ならば没収試合になるところだがそうはならなかった。共産圏は常にソ連がトップにいてすべてにおいて優先している。選手団の副団長の前田豊さんがカンカンに怒っていた。

NIPPON

NIPPON

JAPON
NIPPON

メキシコでは、大古は三森泰明さんと交互にでていた。日本鋼管の小泉勲さんがセンター。レギュラー6人に中央大の出身が4人も入っていた。キャプテンは池田尚弘さんで平均年令24歳の比較的若いチームだった(ミュンヘンのときが平均年令25歳)。メキシコからミュンヘンまでにメンバーが4人交代した。中村祐造、深尾吉英、野口泰弘、そして西本哲雄が新たに加わったが、レギュラーになれたのは深尾だけだった。

初めてのオリンピックで金メダルが獲りたかった。しかし、ただ獲りたいと言う願望だけではだめだ。〝獲りたい〟という気持ちと、〝獲る〟という気持ちでは全然違う。松平さんは「獲りたいっていうのは甘さだ。〜したいではなく、〜するんだ、〜やるんだという

番号	氏名	年齢／身長	所属
1	池田尚弘	28／186	八幡製鉄
2	南　将之	27／196	旭化成
3	猫田勝敏	24／179	専売広島
4	白神　守	24／176	日本鋼管
5	小泉　勲	23／183	日本鋼管
6	木村憲治	23／186	松下電器
7	三森泰明	22／183	中央大
8	森田淳悟	21／194	日体大
9	横田忠義	21／194	中央大
10	大古誠司	21／192	日本鋼管
11	佐藤哲夫	19／198	富士フイルム
12	嶋岡健治	19／185	中央大

監督	松平康隆		

メキシコオリンピック　全日本メンバー

NIPPON

NIPPON

NIPPON

断定でいこう」といつも言っていた。松平さんには公私にわたりいろいろなことを教えてもらった。ぼくのバレーボール人生に一番影響を与えてくれた人物だ。

メキシコオリンピックはコンビネーションバレーだった。いうなれば9人制バレーの技術だった。クイックにしてもセッターの前と後ろのコンビネーションだったし、メンバーの身長もそれほど高くなかった。しかしメキシコで2位になったことで金メダルへの道筋が見えてきた。

自分でも力強くなったと感じたのは、メキシコオリンピックが終わってからだ。〝プラハの春〟以降、日の丸を背負うという意識も変わった。男子バレーが上昇していくターニングポイントだった。『男子も女子も金メダル』というキャッチフレーズでメキシコオリンピック以後は日本中が盛り上がっていた。このころを含め、女子チームとの交流はほとんどなく、合宿が一緒になるということもなかった。ぼくが入る前の全日本は欧州で22連敗中だった。女子チームは〝東洋の魔女〟と騒がれた東京オリンピックの人気を維持していたので、試合で女子チームと一緒になったりしたときは、男子チームが荷物を運ばされたりした。同じ目標に向かっていても男女では別だった。

メキシコから帰ってくると秋のリーグがはじまっていた。休みもとらずに試合にでた。リーグ戦は3週目に入っていた。当時は6チームの2回戦総当たりで10試合になる。ぼくは3試合目から出たが、ぼく自身ずば抜けた天才プレーヤーだなんて思っていないし、そんな選手ではなかった。「おまえがいなければおれが賞を取ったのに」と他大学の選手から言われたこともあったが、リーグ戦の途中から出場してもサーブ賞やブロック賞が取れたのは、たまたまぼくの代に上手い選手がいなかったからだ。

同級生には戦力になる選手が多かったが、全日本の練習や合宿があるぼくが抜けるので、中田先生はメンバー構成に苦労したと思う。リーグのなかで最下位になると入れ替え戦があるので、ぼくは全日本とリーグ戦の両方に出ざるを得なかった。当時の大学リーグは、エースが抜けようが、セッターが抜けようが、通常通りリーグ戦をやった。

しかし、いまはエースやレギュラーが全日本などで抜けると、その人たちが帰ってきてからにしようなどとつまらないことを言って、入れ替え戦を延期したり、入れ替え戦をやらないで上位12チームで決めたりしている。「そんなことを言っていたら、先人に怒られますよ。選手は力があるから、上の大会でがんばっている。リーグ戦に出られないでチームに迷惑をかけているのは事実だが、残されたメンバーはみんな文句も言わずに、何とか二部に落ちないようにがんばってきたじゃないか。それを主力がいないから、勝てそうもないので待ってからやろうと言うのは、指導者としておかしくはないか。中心選手がいなかったらいないなりに、いる選手たちだけでがんばろうと結束するので、おかしなバレーはしない。逆に主力に頼らないので、それだけ層が厚くなる」と提案したが、ぼくの意見は通らなかった。

エースやレギュラーも調整がつかないなんてことを言っていないで、出来る限り試合には出た方が力がつく。何が何でもリーグ戦にでるという気持ちのある選手がいるチームは入れ替え戦になんかいかない。どうしても調整がつかないときは、エースやレギュラーが不在の試合になっても仕方がないと思うのはぼくだけらしい。

メキシコから帰り、リーグ戦も終わるころから生活にも活気が出て来て「おれたちが上級生になったら、夜中に集合をかけて説教したり、殴ったりするようなことは絶対にやめよう」という話を同級生とずっとしていた。上級生になったら、いい環境作りをしてやらなければいけないと同級生は考えてくれた。合宿生活なので、1年生はやるべきことはしないといけないが、ぼくが4年のときには説教などはほとんどしなかった。怒るのは体育館だけで、合宿所は生活をするところと割り切っていた。ぼくらが3年生のころは、暴力的な説教は大分減ってきた。ぼくがいない間に説教をしたという話は聞いたが、ぼくがいるときはほとんどさせなかった。

合宿所の環境作りは大切である。合宿所が住みにくいとか居づらいと感じるようでは、その気持ちを引きずって、バレーボールどころではなくなってしまう。1、2年生のときにやめていった者もいた。ぼくたち同級生は、どうしたらみんながバレーボールの練習に打ち込めるかを真剣に考えた。

ドライブサーブを封印

メキシコオリンピックは2300mの高地だった。酸素の薄さにはだんだん慣れていったが、閉口したのは、ボールがなかなか落ちてこないことだ。ぼくはドライブサーブだったから、強く打てば打つほどホームランになる。すると、松平さんから「おいモンタ、いつもより後ろにさがって打ってみろ」と指示された。しかし、サーブというのはネットが基準なので、打つ場所を後ろに下げようが、前に出そうが、ネットに合わせるのだからあまり意味はない。

ぼくは1965年の高校生3の年にドライブサーブが打てるようになり、試合もサーブだけで決められるようになったので味をしめていた。大学2年のポーランド遠征のときに、練習前にドライブサーブで遊んでいたら、松平さんが「モンタ、そのドライブサーブ、いつから打ってるんだ」と訊いてきた。「高校3年からです」と答えると、「おれが打てって言うまでドライブサーブは打つな」と言われた。

それからしばらくは試合でドライブサーブを封印していた。1968年のメキシコオリンピックの年の春にソ連がきて試合をした。1、2、3戦と連続して負けて、和歌山での第4戦の試合中、松平さんが突然「モンタ、ドライブサーブを打て」と言った。それまでは〝フニャフニャサーブ〟だったのでソ連の選手もとまどい、そこからソ連がリズムを崩して第4戦に勝利した。

このドライブサーブを習得するときも、何本も何本も練習して、血のにじむような努力をしてというのではなく、気が向いたときに遊びながら打っているうちに打てるようになったのだ。そのころはスタンディングで構えて打つドライブサーブが主流だった。ところがぼくのドライブサーブは助走をつけなが

森田淳悟のランニングドライブサーブ

ら打つランニングドライブサーブだった。

9人制から6人制になり、当時はネットにボールがかすってもダメだったので、サーブミスも多かった。そのため、みんな怖がってドライブサーブを打たなくなっていた。そんなときにぼくがランニングドライブサーブを打ったので話題になった。

ドライブサーブというのはそうそう簡単に決まるものではない。10本打ったら2本はミスだった。ぼくはドライブサーブをコースを狙って打っていた。3mのサービスゾーンで助走するが、まっすぐにガイドライン上を助走して相手の1m手前に落とすのと、対角線のコーナーに落とす、主にこの二つを狙い所にしていた。

日本鋼管時代に行ったキューバ遠征（1970年）では、ぼくのクイックに目をまわしているところにドライブサーブを打ったので、キューバの選手は驚いていた。キューバにしてみれば、ぼくのAクイックやブロックに手を焼いていた。その上、スパイクがくると思うとフェイントだったりと、ただえさえ止められなかったところに、ドライブサーブまでやられて完全に揺さぶられたかたちになった。たまに真ん中に入ることもあったが、キューバの選手はこのようなサーブを初めて見たと言っていた。キューバは波にのれずにその試合を落とした。キューバや東ドイツが相手のときはおもしろいようにドライブサーブが決まり、試合に勝てたので、このころの試合はとても楽しかった。

一人時間差の誕生

一人時間差はメキシコオリンピックが終わって秋の練習でできてしまった。そう、一人時間差は〝できてしまった〟攻撃なのだ。

ぼくはどんなスパイクでも打てたが、やはり全日本での試合となるとクイックが多くなる。それはぼくのクイックは他の選手より速かったからだ。いまでもAクイックはトスがとまってから打つが、ぼくのAクイックはトスが上がっている最中、ボールの上りっぱなを打つ。そのためブロッカーもぼくと同じタイミングで飛ばない限りとめられない。

チームでクイックの練習をしていたとき、ぼくはクイックのタイミングでジャンプした。するとセッターがぼくのジャンプした地点より1mくらい上にボールをあげた。ボールが浮いたままで相手コートに返さないと怒られるので、着地してすぐにそのままジャンプして返したらブロックもなく簡単に決まった。

「これだ！」ぼくは偶然できたこのプレーが、意識的にできないか工夫を重ねた。

メキシコオリンピックから帰ってきて、ミーティングで6人制のオリジナルの攻撃を作ろうという話がでた。日体大でワンマンエースで、真ん中、レフトと10本トスがあがると9本はぼくが打ち返していた。ワンマンエースでなければ、全日本の選手でなかったら、一人時間差は生まれていなかった。

ブロックはクイックのタイミングで跳ぶ。セッターにはぼくがクイックに入るからいまのトスを上げるようにお願いしておく。ぼくはお願いしたボールが上がるのがわかっているので、あとはタイミングをあわせるだけ。しかし、やっているうちに、だんだん見破られてくる。ではセッターが定位置にいるときは

セッターの後ろに行こう、その逆もある。Bクイックの前に打つ、いわゆるB前という攻撃やセッターの後ろのCに入って、前からでてくるアンテナ側に移動して打つなど5つの攻撃が、ものの20分くらいでできあがってしまった。これは、当時主流だったステップの逆ステップだった。ぼくは練習しなくてもできたが、いまの子は逆ステップができない。バレーボール部に入ったのが高校生で、ステップはこうでなければいけないという固定観念がなかったのがよかった。自由な発想でバレーに取り組めた。

いまでもなぜあのときにこのような発想がでたのがわからない。いまだったらでないかもしれない。早いクイックができたからでた発想かもしれない。いまはブロックの技術力

があがっていて、早いクイックにあわせるコミットブロック（クイックに合わせて跳ぶシャットアウトを狙ったブロック）でないとだめだ。外国人相手のときは早いクイックがあって、左右に移動するステップがあればついていてこれないのでたいてい勝てる。

ぼくの技術を認めたくない人が、「最近はブロックの技術が進んで、一人時間差はつかえませんね」と言うので、「そりゃそうだ、いまの選手はクイックが遅いからね」と答えた。すると黙ってしまった。

攻撃を考える段階で、打つ真似をしてやめてしまうとか、流れながらジャンプをするとか、いろいろと試してみた。ブロッカーというのは飛んだところに必ず飛ぶので、飛びながら流れると打つところに誰もいない。猫さんにパスがいく過程で、猫さんがでてきてトスを上げる前に、ぼくが打ってしまう。猫さんが危ないからやめてくれってと言ったが、何試合か試した。発想力と運動神経と、遊びの範疇で試しているのでバリエーションは無数にでてきた。大古からも「おれがレフトからパスしたと思ったらもう打っちゃってるよ。なんでも打っちゃうんだ、こいつは」と言われた。

ドライブサーブと一人時間差のほかにもいろいろ生み出した。ジョージ・チャキリスの『ブロードウエイ』という映画が流行っているときは、新しく生み出した攻撃に〝ブロードウエイ〟という名前をつけたりした。この攻撃はBクイックからブロードしてAクイックに入るものだ。また、日本ではあまり言われなかったが、ロシアでは『一人時間差』のことを〝モリタスタイル〟と言っていた。3年くらい前にワールドカップでロシアの役員から「一緒に写真を撮らせてください。私の国ではスパイクにモリタの名前がついています。その方と一緒に写真を撮ることは大変光栄なことです」と言われた。

全日本で日の丸を背負うまでは苦しい練習に耐え、ひたすらバレーボールに打ち込んでいた。全日本に入ってからも戦法を考えたりしていたので、バレーボールが楽しいと感じていたことも確かだ。しかし金メダルを獲るまではしんどかった。練習も過酷さが増し、円形禿げも3つ4つできた。全日本に入った直後は、1年生だったので丸刈りだったから目立ってしまい、マジックでぬって隠していたが、上級生になり髪ものばせるようになったので円形禿げを隠すために髪の毛をのばすようになった。

大学で1部、2部の練習して、夜の8時くらいから全日本の練習して、帰るのが12時過ぎなんていうことを毎日やっていたら、ある日血尿がでた。倒れないのが不思議だった。それでも練習は休まなかった。

ほとんど学校に行けなかった大学生活

そんな毎日だったので、授業にはあまり出ることができず、4年間ずっと追試カードを持って各研究室を回っていた。追試カードを持って行くと「俺も一緒に行く」と、ぼくの後を同級生のバレー部員が2、3人ついてくる。ぼくの場合は「すいません、バレー部の森田ですけど、単位を取っていないので追試カード持ってきました」「あぁ森田か。分かった、そこに追試カード置いておけ」で終わる。そして、一緒についてきた何人かは、先生に「お前らは何だ?」と訊かれると「森田が先生のところに行くと言うので……」と口ごもり、結局「何だ。お前らも全日本か? 森田は帰っていいぞ。お前らは残ってろ」と言われて、1時間ぐらい質問攻めにあい、さんざん絞られた。先に戻っていたぼくのところに「いやあ〜まいった、まいった」と言って帰ってきた。

ぼくらのころは、「お前、がんばってるもんな」と、勉強は大目に見てくれる先生も結構いた。いまは勉強も厳しくなり、研究室をまわれば単位をくれるというわけにはいかなくなった。当時の各研究室の先生方には感謝している。

ぼくは勉強が嫌いでも、できないわけでもなかった。ときにはサボりたくなったこともあったし、真面目にすべての授業に出ていたとは言わないが、オリンピックのために日の丸を背負ってがんばっていると文武両道は難しいときもある。朝の4時過ぎに起きて、夜中の1時に帰ってくる生活をしながら授業にでて、すべての単位を取得するのは至難の業だ。それでもこれは落とされるかもしれないという科目の追試を受けるときは一生懸命勉強した。

日体大には担任制度がある。ぼくの担任は相撲の小川先生だった。担任なので「相撲をとっておけばあまり出席していなくても単位をくれるだろう」という安易な気持ちで相撲の授業を選択した。小川先生からは「森田、1回まわしをしめたら単位をやるぞ」と言われた。しかし、結局、一度もまわしをしめることはなかった。卒業時、小川先生からは「お前はついに一回もまわしをしめないで卒業したな」と言われた。

体操では、最低限、蹴上がりができないと単位をもらえない。しかし、足が床についてしまうので鉄棒にぶら下がることができない。体操は、東京オリンピックの団体総合と跳馬で金メダルを獲った〝山下飛び〟の松田（旧姓山下）治廣先生で、「森田、手にマメをつくったら単位をやるぞ」と言うので、「マメを作っている時間がないです」と言うと、「森田、お前は仕方がないよな。蹴上がりするときに助走ができないんだもんな」と笑っていた。

伊豆の網代で水泳実習があり、それが終わるとキャンプ実習（当時は天城山）に行くが、ぼくは両方とも行っていない。成績表にPという表示があったので、先生に「すいません、ぼくは水泳実習にもキャンプ実習にも行けなかったんですけど、この〝P〟というのはなんでしょうか？」と聞くと、「パスだよ」と言われた。

大学を卒業するまで各学年で3分の1の授業に出たかどうかで、まったく授業に出られない教科もあった。当時は1枚1000円だったと思うが、追試カードを買って先生のところに持って行き、追試を受けさせてもらう。追試カード代だけで、2万円ぐらいかかったように記憶している。父親に「追試カードを買うのでお金をください」と言うと怒られるので、サポーターが破れたなどとウソを言ってお金をもらったものだ。父は仕事で、夜遅かったり出張へ行ったりしていたので、あまり家にいなかった。そこで「○○と△△を買いたいから、お金が必要です」と紙に書いて父親の机に置いておく。すると、机の上にお金が置いてある。あまり早く取りに行くといない時があるので、3日ぐらい経ってから取りにいくことになっていた。

ぼくはがんばっている選手には、大なり小なりご褒美をあげなければいけないと思っている。練習漬けでないと、オリンピックの金メダルは難しい。日体大出身の金メダリストは何人かいるが、体操、水泳、レスリングなど全部、個人種目の選手だ。チーム種目で金メダルを獲ったのはぼくだけだ。そういう点でも、日体大に森田淳悟がいるという意味があったと思っている。

4年では打倒中大に燃える

メキシコオリンピックが終わってから、ミュンヘンオリンピックまで（大学3年の後半から卒業するまで）の練習量が一番多かった。大学の練習が終って8時くらいから参宮橋に行って、帰りはいつものように夜中の1時すぎだった。1年のうちどのくらい参宮橋に通ったのだろう。たぶん7～8ヶ月だろう。大学のリーグ戦のときは金、土、日で帰って、また日曜の夜にもどって練習。よく続いたと自分でも感心する。いまは大学生を全日本の合宿に参加させると、所属する大学の監督やコーチから文句がくる。「選手がこわれる」と。「そんな華奢な身体つくるなよ」とぼくが言うとみんな黙ってしまう。授業がおわり、オープンの練習に何回か出て、夕方6時半から始まる遅番の体育館の練習に参加して、8時半くらいに終わる。4年のときも大学の練習が終ってから全日本の練習に向かった。

行くといつも松平さんと斎藤コーチが待っていた。社会人は日本リーグの最中だったりすると、練習するのは学生のぼくと横田と嶋岡の3人だけだ。人数が少ないからさぼれない。トスを上げてスパイクを打ってブロックする――を繰り返し、さらにウエイトトレーニングもした。「若い連中は遊ばせてはいけない」、という松平さんの考えで、毎日12時ごろまで練習をした。

きつかったが、心身ともに上達したことも確かだったので、ぼくが日本バレーボール協会の強化本部長になったときに植田辰哉監督に、「若いのを集めてやればいいじゃないか。できないことはないだろう」と言うと、彼は、「何回かやりました。しかし全員となると……」と口ごもった。「金がない？　金がなかったら、東京の連中は通いでやらせろ。そのうち全員にぼくらがやった練習をさせてやるから」と笑って言うと、彼は真剣な顔で「それだけは勘弁してください」と返してきた。そこで、「きつい経験すると、精神的にも強くなるし、ここぞというときにがんばる

ことができるようになる」と言うと、「森田さん、いまの選手にはやらせられません」と言われた。

思い返すと、学生時代のほとんどが全日本の合宿や練習、そして試合だった。大学の夏の試合や練習にはほとんど参加していない。全日本の遠征から帰ってくると、そのまま日体のチームに入ってしまうので、それまでレギュラーで頑張っていた人はやる気をなくしてしまっただろう。しかし、途中からチームに入っても、ブロック賞などを取ってしまうし、なによりも練習量が圧倒的に違うのだから文句は言えなかっただろう。

3年生の後半からキャプテンになった。どうでもいいときはいるが、肝心なときにいないキャプテンだった。当時の日体は上級生と下級生の間にかなり厳しい差があった。そんななかで、「おれたちが下級生のときに上級生にやられてイヤだって思ったことは、できるだけ下級生にはやらないようにしよう、無理強いしないようにしよう」と、同級生全員を集めて話をした。そのおかげで下級生はのびのびできたはずだ。

ぼくはずっと全日本にいたので、下級生はぼくのことをものすごく怖く感じていたと思う。後輩には、「お前たちを指導するときに手を挙げたりしないと決めた。おれが手をあげて怒ったときは、よほどのことだと思えよ」と言っておいた。このことは、日体大男子バレーボール部にとって大きな変化だった。

ぼくの1年下に西村といういいセッターがいて、スパイカー陣も190cmが2人、191cmが2人と、大学のなかでも大型チームだった。6人のレギュラーには下級生も入っていた。レフトのアタッカーは1年生の宇佐見だった。秋田県の雄物川高校の元監督で、息子は全日本のセッターをやった宇佐美大輔だ。その宇佐見がぼくらが4年生のときの1年生だった。それでもリーグ戦では中大に勝てなかった。

そして迎えた10月の関東インカレ（現在の東日本インカレ）が、駒沢の東京オリンピックのレスリング会場（駒沢体育館）であった。この大会はベスト4のリーグ戦方式だったので、朝一番の試合もあった。大会に臨むにあたり、ぼくは「10時とか11時とか早い時間か

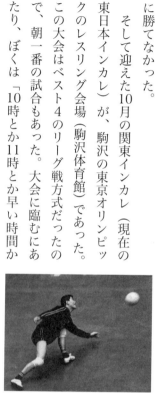

ら試合がある。試合に合わせて朝、散歩に出る」と決めた。それまでの4年生は午前中寝ていて午後から練習にでるという生活をしていた。その習慣では朝の試合に身体が動かない。大会が始まる10日ぐらい前からは1試合目に合わせて早起きして、7時ごろから身体をほぐしながら寮の周りを散歩したりした。このような環境を作り出せたのも、上下関係よりも勝つために、ということを前面に考えようと決めたからだろう。そして見事に中央大を破って関東インカレで初優勝した。

ぼくのキャプテンとしての大きな改革は、下級生がのびのびとできる環境を作ったことと、試合にあわせてコンディションを作っていく環境を作ったこと。それがチーム力、決断力に見事に結集されて優勝に結びついた。日体大男子バレーボール部の初めての優勝だった。このことは全日本での経験が大いに参考になった。

その勢いで天皇杯に出た。南さんの旭化成を破り、猫さんの専売広島（現・JT）を破り、準決勝で日本鋼管に負けたのだが、ベスト4には中央と日体の大学2チームが残った。

日体が旭化成を破ったときは、日本鋼管の出町豊監督は気が気ではなかったと思う。次の専売公社戦のときだ。隣のコートで日本鋼管が試合をしていた。出町監督は、自チームの試合をろくに見ないで、日体の試合を熱心に見ていた。日体が試合を優位に進めるなか、専売広島のレギュラーが引っ込められ、ベンチ横に正座させられてずっと説教を食らっていた。

「おい、まだ正座させられているぞ」などと言って、その光景を横目に試合をしていた。

結局、ぼくたちは日本鋼管に敗れ、決勝は日本鋼管と中大で、中大が優勝した。関東インカレで日体に負けた中大は何が何でも天皇杯で勝つと意気込んでいた。「関東インカレで日体に負けていなかったら、天皇杯で優勝できなかった」と後で横田が言っていた。このとき中央には横田、嶋岡、それに樋下がいた。樋下は中大付属から鍛えられているので力のある選手だった。中大は日本鋼管や松下電器を押さえて優勝。全日本総合（天皇杯）を4連覇した。

日体は、ぼくがいないときは5連敗、帰ってきたら5連勝と極端なチームだった。みんなぼくが帰ってくることを待っていてくれ

番号	氏名	学年／身長	出身校
1	森田淳悟	4／194	日大鶴ケ丘
2	本田憲幸	4／191	日大鶴ケ丘
3	渡辺憲由	4／179	岐南工
4	今和泉省蔵	4／183	鹿児島南
5	遠藤一男	4／175	城西
6	宮里一郎	4／168	鹿児島南
7	山口澄男	4／173	相原
8	菊地数博	4／174	崇徳
9	岩満一臣	4／168	都城工
10	西村栄蔵	3／179	崇徳
11	村上哲夫	3／184	金沢商
12	樋上晃二	3／178	守口

監督	中田　茂	
主将	森田淳悟	

4年時の春季リーグ戦　日体大メンバー

た。4年生になって都市対抗などに行くのが楽しくなった。ぼくがいないとき、みんなの力がついていく。

全日本のレギュラーに学生が入っていたので、大学リーグが盛り上がり、お客さんの数も凄かった。これからの全日本バレーを盛り上げていくには、大学バレーを強化しなくてはならない。メキシコのときに大学3年生だったので、翌年の試合は、お客さんもぼくたちメキシコ組を見にきてくれたのかもしれない。木村がいて、三森がいて、横田がいたので、当時の大学リーグは人気があった。

全日本に何人も選ばれていたということもあったが、大学リーグは相対的にレベルが高かった。実業団と大学生の差があまりなかった。いつごろから実業団が強くなったのかと言うと、ぼくらが卒業してからだろう。ぼくらが抜けて実業団で活躍するようになると、川合俊一、田中直樹、三橋栄三郎、古川靖司（1961年、東京都出身。順大→日本鋼管）、井上謙（1693年、広島県出身。順大→日本鋼管）などがでてくるまで10年以上、大学バレーにスター選手がいなかった。

日体大は全国津々浦々どこに行っても先輩がいるので、ありがたい面もあったが、「恥ずかしくないプレーをしなくてはいけない」「いつも通りの試合をしなくてはいけない」というプレッシャーを感じていた面もあった。学生生活は全日本の試合や合宿、大学でも試合があったのでほとんど自由な時間はなかった。しかし、リーグ戦が終わった日だけは点呼がないので、高校時代の友だちと車で箱根までドライブに行ったり、飲みに行ったりした。それが唯一と言っていい大学生としての楽しい思い出だった。

ひもじい食生活

ぼくはまったく好き嫌いがないので、食べ物に関する苦労はなかった。遠征時の外国の食事は固いパンに固い肉、それにジャガイモがどっさりでたが平気だった。ぼくらが学生ときはご飯にマヨネーズをかけて食べたりしていた。あじの唐揚げ1匹のときもあった。いま思うとよくあれでやっていたと思う。お金もないし、コンビニもないから夜中に買ってくるなんてことはできなかった。合宿所の近くにお蕎麦屋さんがあって、夜の練習があると出前をとったりした。お金がないからツケで頼んだ。月末になると仕送りが入るのでお蕎麦屋さんが集金にきた。

指導する立場になると、選手の食事には気を配った。食事会と称して時々選手を自宅によんで、バランスのとれた食事をさせたりしていた。女房の協力がないとできないことだ。部員全員を一度に呼ぶことはできないので、レギュラー以外の人選はマネージャーに任せた。いま日体大男子バレー部の監督をしている山本健之先生が学生のときも食事会をやっていた。入れ替わりで7、8人ずつ呼んでいたが、なぜか毎回、必ず山本がいる。「お前また来たの?」って訊くと「はい」って言って笑っていた。あとから聞いた話では、仕送りがくるとみんなパチンコに使ってすっからかんだったので、食事会を当てにしていたそうだ。肉も大量に買ってきて準備した。家を増築したときに、15人くらい座れるテーブルにした。椅子は夏合宿をしているホテルタガワからもらってきた。

学生を見ていると、食べる年と食べない年がある。食べる年はやっぱり強い。食材は、アメリカ型のスーパーで大量に買い込んでくる。300グラムのステーキ肉が5枚入っているのを100個くらい買い込んでくる。行くときは学生を連れて行く。人間ひとり乗れるような大きなカート3台が満杯になる。学生に買い出しの大変さも教えることができる。4月、5月、9月、10月は毎週木曜日はステーキの日にして食べさせた。レギュラーは必ず参加させた。ベンチに入るのが中心だが、シーズンが終わるとレギュラー以外がこれるようにした。歓迎会も家でやった。回数は多くないが女子も呼ぶようにしていた。

遠征の楽しみ

遠征に行ったときにありがたかったのは、大きなサイズの靴を買えることだ。日本にはまだぼくたちが履くような大きなバレーボールシューズがなかった。着るものにしても、日本ではキングサイズなので、丈に合わせると横も太くダボダボになってしまう。いまでこそトーラーサイズがあるが、それでもデザインや色は限られている。

高校のときは、サイズがなかったのでバレーボールシューズを履いたことがなかった。普通の厚めのアップシューズを履いていると「ちゃんとしたシューズを履け」と原田監督に怒られたことがある。ぼくが履けるようなサイズのバレーシューズが出てきたのは高校3年生のときだった。当時は9人制の名残りでバレーシューズも、レシーバー用とスパイカー用に分かれていた。それでもまだしっかりしたつくりのものがなく、爪先や側面が破れたりした。当時は練習も試合も同じ靴で一足のシューズを洗って履いたが、3か月ぐらいしかもたなかった。新しいシューズでまめができたりすると絆創膏をはるが、絆創膏などもいまは一回使えばそのまま捨てて、新しいものを張る。当時はきれいにゆっくりと剥がしてボールに張りつけておいた。そして、剥がした絆創膏をまた使っていた。当時は物がなかったこともあるが、なんでも大事にした。

MANZANA

全日本を含めて、突き指はしょっちゅうしていたが、捻挫や骨折をしたことがなかった。ただ、チェコとの試合の最中にカマイタチにあって指が裂けたことがある。ブロックの最中、瞬間に真空状態になってスパッと切れた。スキーではよくあるらしいが、そんなことが2、3回あった。大したことはなく2週間くらいで治る。ケガしたときに松平さんが「右手がだめなら左手を使え」と言う。「左手で自分の思い通りに打ち込めたら苦労しないよ」などと思いながらも、左手で打つ練習をやった。だんだんと左手も使えるようになったので、やった意味はあった。いまでいうミドルブロッカーだ。左右からボールがくるので、左手でも打たないといけない。高校時代も、それ以降もケガはあまりしなかった。他の選手に比べると身体を酷使しているわりにはケガが少なかった。ストレッチをよくやったおかげかもしれない。ぼくはミーティングをしている最中でも話を聞きながらストレッチをしていた。入浴中はもちろん、いろいろな体操をやった。元々身体は柔らかかった。70歳まであと数年となったいまでも床に手がつく。ストレッチはやらされていたのではなく、背伸びをすると気持ちがいいし、いまのようにスポーツによってストレッチが違うと言うこともなかったので、自己流のストレッチだった。

全日本に入っている期間中は捻挫もなかったが、1972年の春に中国にいったとき、列車のシートがふかふかで腰をねん挫した。中国で4試合くらいしたが1回も試合にでられなかった。横になって寝られないので椅子に座ったまま寝た。中国の鍼をやって、帰国してからオリンピックに帯同した住田先生の整体を受けて治した。それが一番長い休みだった。

他にケガらしいケガと言えば、顎を切ったことくらいだ。4年生のときの全日本の練習中、フライングレシーブをしたときだ。疲れてくると腕で身体を支え切れなくなるので、胸から落ちて顎を床に打ちつけてしまった。すると顎がパカっと割れたのだが、にじむ程度で血が出てこない。それでも傷口は深かったようで、松平さんに、「早く縫ってこい」と言われた。当時、参宮橋の全日本の練習場の下に日本体育協会の診療所があった。押さえていたタオルにも、ほとんど血が滲んでいない。消毒して4針ぐらい縫ってもらい、あとは絆創膏を貼って終わり。コートに戻り「4針縫ってきました」と報告すると、松平さんは「そうか。お前、まだ2本しかやってないな。はい、続き」といつも通りだった。フライングレシーブで顎を縫ってきた後なので、スライディングレシーブをすると、松平さんに怒られた。

フライングレシーブを当たり前にするようになったのは、メキシコオリンピックが終わった後あたりからだった。東京オリンピックで〝東洋の魔女〟が初めて回転レシーブをやって有名になったが、回転レシーブでは男子のスパイクのスピードに間に合わない。スライディングレシーブもしかり。ボールが飛んできて、床近くで捕るのと空中1mのところで捕るのとではまったく違う。何回も何回も反復練習して、あの当時の大学生は、みなフライングレシーブを身に付けていた。

ぼくたちの年代は日体にも優秀な選手がたくさんいた。体操部には塚原光男(ミュンヘン、モントリオールの鉄棒で金メダル)や、ぼくと一緒に日体大で教えている監物永三（メキシコ、ミュンヘン、モントリオールと3大会連続団体金メダル）。女子体操の小田千恵子（塚原の奥さん）。相撲でいえば輪島を破った松本茂、バスケットには阿部成章など優秀な選手が多かった。野球はあまりいなかったが、4年のときは駅伝、バスケット、体操、といろいろな部が優勝した。女子バレーはインカレで25回優勝していた。男子バレーボールだけが勝てなかった。メジャーなスポーツはみんな優勝していたから、関東インカレの優勝は本当にうれしかった。アベック優勝すると学長が男女合同の祝勝会を開いてくれた。

中田先生と岩本マネージャー

日体4年のときのマネージャーに岩本洋がいる。彼は1998年に小田急のバレー部が廃部になるまで監督、部長を歴任した。根が真面目な男で、学生時代は彼が一番苦労している。岩本は、中田先生の家に事あるごとに呼ばれて懇々と説教をされていた。岩本とはいまでも親友として付き合っている。心から信頼のおける友である。

中田先生はあまり細かいことに口出しをするようなタイプではなく、部員やOBから〝親父〟、〝親父〟と言って慕われていた。ある意味、怖かった面もあったが、いろいろなことを中田先生には教えてもらった。岩本はマネージャーだったので中田先生と過ごす時間が長かった。練習のコンタクトをとったり、練習が終わると自宅まで送っていくのもマネージャーの仕事だった。いつも一緒にいるので、岩本は中田先生にかわいがられていた。

岩本はマネージャーになったことをこう振り返っていた。「いまはリベロっていうポジションがあるが、小さい選手はピンチレシーバーといって後ろの3つのポジションでボール拾いをするくらいしかなかった。そのポジションを3人くらいで競っていた。ぼくは森田と一緒にコートに立つのが夢だったのでマネージャーはいやだった。中田先生にマネージャーやれと言われて最終的には引き受けたが、いま思うとマネージャーをやったおかげで、卒業したあと16年間女子校で教員やって、そのあと日立や小田急などの実業団で監督をしたときに、ものすごくそのときの経験が生きた。マネージャーをやってよかった」。中田先生の人を見る目というのも確かなものだった。

ぼくらが4年のときは、生活から練習計画まですべてマネージャーが仕切り、キャプテンがコートのなかを束ねていた。総務関係と現場関係とをぼくがキャプテンになったときから分けた。そのことで、チームの活動がスムースにいくようになった気がする。

中田監督は基本的に休みを取らない。練習を休みにするときは、まずマネージャーが監督に交渉する。岩本が、選手の様子を見て「そろそろ限界です」と頼んでもなかなか休みにしてくれない。30分位交渉して、必ず最後に「淳悟はどうだ?」と中田先生が聞く。そしてぼくが「疲れてます」と言うと「仕方ないな」と言って休みにしてくれた。交渉の最後に「森田は?」と言うことになるので、どうしても明日休みたいときは、岩本は最初からぼくをつれていって、30分後に承諾をもらっていた。しかしぼくが行っても全然ダメっていうときもあった。休みの交渉と言っても、ひと月に一回あるかないかだ。リーグ戦、大会が終わったその日だけノー点呼で遊びに行けた。ノー点呼というのは毎晩9時にある点呼がないということだ。飲みに行って悪さもした。むかしのバス停は丸いコンクリートの型抜きに鉄の棒をさしただけなので動かすことができた。そこで、酔った勢いで指定の場所から合宿所の近くに100mくらい動かしたりした。

また、こんなこともあった。桜新町に飲みに行くと、駒沢体育館まで足を伸ばし、体育館の屋根にみんなであがってしまった。当時は駒沢体育館の屋根に簡単にあがることができた。監視カメラで監視されているので管理事務所から警備員が飛んでくるが、反対側に逃げて隠れたりと体育館の屋根でかくれんぼだ。いまだったら大問題になるだろうし、いまの子たちはそんなことはやらない。

ぼくらのころは健志台（横浜市青葉区鴨志田町）に日体大はなかった。4年生のときに土地を買って見学会をやっていた。まだ国道246号線も一車線の対面交通だった。

岩本とは卒業後は会う機会も減っていたのだが、岩本が小田急で監督をやるようになって、健志台の近くに来るようになってから、学生時代のように頻繁に会うようになった。「まさか森田とこんな付き合いができるとは思っていなかった。卒業してからも家族ぐるみの付き合いができるとは……」と岩本も振り返る。岩本は日体を卒業して、世田谷にある松蔭高校の教員になった。いまは共学だが当時は女子校で、そこに江上（丸山）由美（1957年、東京都出身。松蔭高校→日立。ロサンゼルスオリンピック銅メダリスト）が入学してきた。江上は中学校3年生のときに「日の丸をつけてオリンピックに行きたい」と言っていたそうだ。当時、横山樹里（1955年、福岡県出身。博多女子商業〈現・博多女子高校〉→ユニチカ。元全日本選手）や須藤佳代子（1957年、東京都出身。八王子実践→富士フイルム。元全日本選手）というスター選手がいたが、それに匹敵するくらいの選手だと言われていた。身長は174㎝だった。岩本には、ぼくのセンタープレーヤーとしての姿が脳裏に焼き付いていたので、「この子はセンタープレーヤーだって最初からわかった」と言っていた。

岩本いわく「大した指導をしたわけではなかったが、江上は背が小さいけど、日立にいって世界のセンタープレーヤーとして、ブロック賞も何度もとるような選手になったのは、ぼくが森田のセンタープレーを間近で見ていたからだ。江上は〝女森田〟だと言って育てた。森田の影響があったからこそだと思っている。森田にも何回も指導をうけた。日本鋼管に行ったり、自宅まで押し掛けて指導してもらった」。

江上は日立で一年目からレギュラーだった。当時の日本リーグは男子と女子が同じ会場で試合をしていた。たまに日立と日本鋼管が同じ会場になる。女子が先で男子が後。そうするとぼくは、江上のプレーをみていて、後から岩本に、「あのときのプレーは身体が流れてたから、注意してやれ」と電話をかけた。会場にいるのだから、直接言えばいいのだが、日立の山田重雄監督がいるから話せない。当時は、女子選手と男子選手が話をすると監督にうるさく注意された。

そもそもぼくは、バレーボールを知らないで高校に入り、高校1年の後半に原田先生から「お前は真ん中いけ」って言われて、やらされていたのでセンタープレーヤーという意識もなかった。ポジションへのあこがれもなかったし、ここがやりたいということもなかった。

当時の日本のエースアタッカーというのは、とにかくバカバカ打つのが主流でセンタープレーヤーという重要性がわかっていなかった。ぼくがでてきて初めてセンタープレーヤーというポジションが注目されるようになった。

最上級生になって

大学の練習を終え、全日本の練習に行って夜中に帰ってくる生活は在学中ずっと続いた。練習に明け暮れる毎日で、決して口には出さなかったが、正直、毎日辞めたいと思っていた。自分としてはいつのまにか全日本の舞台でバレーをやっていた、という感じだった。だから「なんでこんなにきつくて、辛いことをやってるんだろう」って毎日思っていた。それでも練習を放り出したりすることはなかった。〝プラハの春〟の体験がなかったら、続けていけたかどうかわからない。

大学での練習は、体育館を女子と男子で交互に使っていたので、決して恵まれた環境ではなかった。授業が終わり、4時すぎから練習がはじまり男子が終ったあと7時から女子。体育館の使用は早番と遅番を決めて、男女のマネージャーが割り振っていた。そのため、いつもマネージャー同士が喧嘩していた。

女子バレーボール部の宗内徳行監督から「明日は会議だから早番にしてもらえ」と言われると、女子マネージャーが交渉にくる。すると、岩本が「何言ってんだよ、明日はおれたちが早番だよ、譲れない」と、そんな言い合いばかりだった。そこへ、雨が降るとハンドボール部がきたり、ダンス部がきたりした。当時、ダンス部の後藤ツヤ先生という怖い先生がいて、早めに体育館に行くと、「バレー部出ていけ！　まだきみたちの練習時間じゃない！」と怒鳴られた。

三越のシルバーハウスという体育館が深沢にあった。現在は駒沢大学の大学院になっているが、そこを借りて練習したこともあった。文化祭があると体育館が使えないので、シルバーハウスで練習をした。ちなみに『サインはV！』の撮影もこの体育館で行われていた。

バレー部の一日のスケジュールは、朝は5時くらいに起きて、掃除して、飯当番があって、コート整備して、ラインを引いて、ボールを磨いて、帰って7時くらいから食事して9時から夕方4時くらいまで授業。それから

練習になる。試合でボロ負けして帰ってきて練習したこともあった。朝練は基本的にはなかった。個人的にしていたのはいたが、チームとしての朝練はほとんどなかった。

授業が終わって早番のときは夕方4時すぎから7時まで。そのあと女子が待っているので7時には体育館をあけた。女子は長時間、練習をしていた。女子が早番のときは4時から6時30分まで女子がやって、男子が6時30分から9時くらいまでやる。そのあと女子がまた練習していた。そんなのを見ているとかわいそうに思えたので、交代したり譲ったりすると、こっちが中田監督に怒られた。男子は練習が終わってから女子の後にまたやるということはほとんどなかった。

4年のときに、インドアの連中はオープンコートで練習しなくていいことになった。1年のころは体育館が遅番のときは、4時から6時30分くらいまで、寒くてもランニングシャツに短パンでオープンコートで練習をやった。初めのころはぼくもやっていたが、途中から免除してもらった。だからインドアはインドア、オープンはオープンで区別しようということになった。オープンでやった後にインドアで練習するのは効率が悪い。外で練習をするので雨の日はすごく汚れる。シャワーなどなかったので水道で水をかけて洗わなくてはならない。

ぼくが遠征などでいないときに試合が入ったりすると、ぼく抜きでやらなくてはならないから、そういう練習もした。ぼくらが3年生のとき、4年生のキャプテンに松下で活躍した松布仁志さんがいた。小さかったがレシーブがうまかった。その人の調子が悪いと夜中まで練習した。当時は、朝まで練習していても大学から注意されるようなことはなかった。

日体大の練習場の消灯は9時なので、灯りが点いていないか毎日チェックしていた人もいた。しかし地域住民に施設を貸し出したり、大学の食堂を開放するなどをし始めたころから、ナイター照明を9時以降点けていても苦情を言われるようなことは減ったようだ。

オンボロ合宿所生活

ぼくがくる前の1979年に合宿所が火事になった。当時は石炭だったので煙突に煤がたまって、壁が加熱して火がでたということだった。泊まるところがなかったので、駒沢にある山田屋という旅館に中田監督がお願いしたり、企業の合宿所を借りたりした。ラグビー部が合宿所を出るらしいという噂をきいて、大家さんに交渉に行ったりしたが、最終的には、ぼくらが生活した場所に急ごしらえで合宿所を建てることになった。

合宿所には4年間いたが本当に汚い建物だった。雨漏りはするし、虫は這っているし、畳は大家さんが取り替えてくれないので擦り切れていた。括り付けの三段ベッドだったが、ぼくは工夫して虫が入らないように模造紙で壁を作っていた。当時は4年、3年、2年、1年から二人ずつで計8人が一部屋で、上級生から「お前のところから虫がきたら承知せんぞ」と言われながら生活していた。いまでも先輩に会うと「森田はおれの部屋っ子でな……」なんて話をされる。三段ベットの8人部屋が8つあって、階段を上がったところに二畳くらいのマネージャー部屋があった。寝るときはみんなと一緒だが、マネージャーが仕事をするときはその部屋を使った。マネージャー部屋の前に公衆電話があって、電話当番がある。呼び鈴が3回鳴るまでに取らないと、説教。

電話が鳴ると、近くの部屋の上級生が、当番の下級生をからかって先に出てしまう。すると上級生に取らせたと言って怒られるので、みんな競争で電話を取っていた。各部屋に水道がないので、一升瓶に水を汲んでおいて、回し飲みしていた。トイレの前の部屋には、なぜか、〝ここはトイレットペーパーの部屋ではない〟という貼り紙が貼ってあった。一階の渡り廊下は黒光りしていた。建物は汚かったが、掃除だけはしっかりしていた。当時のお風呂は石炭だった。一回火を落とすとまた火を起こすのが大変だから、ずっと種火を点けておかなければならなかった。ものすごく石炭を使うし、煤がでる。ぼくが夜中に練習から帰ってくると、火を落としたあとですでに水風呂。それに加えて、みんなが入った後だから垢が浮いていた。

合宿所の横がクリーニング店だった。合宿所の煙突掃除をして煤をとっていればいいが、当番がさぼって煙突掃除をしないと、クリーニング店に干していた洗濯物に煤がついて大変だった。岩本がマネージャーだったときに、クリーニング店の親父さんに、「少し補助するのでボイラーに替えないか」と言われた。そこで合宿所にいるメンバーでお金を出し合って、足りない分をクリーニング店に出してもらいボイラーを取り付けた。それでも時々掃除しないと煙突から煤がでたが、ぼくは水風呂ともお別れできた。

ぼくが1年生のころから、何かにつけて「森田を頑張らせる会」や「森田が帰ってきたから、ご苦労さん会」などと理由をつけては飲みに行った。岩本は酒が飲めないので、乾杯して少し飲むと寝てしまう。そのころ寿司屋に行ってもいいネタは食べられない。せいぜいかっぱ巻きと鉄火巻きぐらいだ。会計は割り勘なので寝ている岩本にも一つずつ残しておく。当時はサッポロジャイアンツというビールの約2リットル瓶が流行っていて、昨日、隣の部屋で25本飲んだというと、「よし、じゃあうちは今夜30本いこう」などと言いながら競っていた。

飲み屋と言うと、合宿所から少し歩いて行ったところに、煮込みのおいしい「かっぱ」という店がある。夜中でも開いていて、いまでもOBが来ると必ず「かっぱ」に寄る人がいる。下級生のときは、先輩に「煮込み買ってこい」と言われて、鍋を持って「かっぱ」に買いに行かされた。「握り飯もお願いします」と言うと、親父さんが丼にご飯を盛って、でかいおにぎりを作ってくれた。「かっぱ」の煮込みは、いま冷凍で販売するようになり、お土産で持って行くとものすごく喜ばれる。以前、鹿児島で同期会をやったときに、この煮込みを持って行くと、食べながら泣いているやつもいた。当時の「かっぱ」の建物は木造だったが、いまはタイル張りのビルになっている。それを見た先輩が、「あのタイルの1枚ぐらいはおれが食っている」と言っていた。

以前、同期会を「かっぱ」でやろうということになったが、行くと休みだった。定休日を調べていなかった。すると、「ばかやろう、森田。かっぱが休みのときに同期会なんか開くんじゃないよ」と叱られた。現在は煮込みだけでアルコール類は出さなくなったが、「かっぱ」には他の部の生徒も通っているが、バレー部はほとんどの部員が行っている。

大学の同級生とは卒業後もずっと付き合っている。1年生、2年生のときに苦楽を共にし、同じ釜の飯を食った仲間である。困ったときには助けてくれる。当時はオープン組というのがあった。オープン組というのは9人制バレーをしている選手のことだ。外のコートで練習しているからオープンではなく9人制のことをオープンと言う。インカレが終わるとインドア組に上がりたいのがでてくる。インドア組を目指している連中はものすごく活気があった。うまくいけば6人制に出られるかもしれない。上手な選手は6人制にピックアップされる。9人制から6人制のレギュラーになった選手も何人かいる。当時は、現在のように6人制、

9人制とわけているわけではなかった。6人制と9人制を含めてバレーボール部だった。9人制から6人制にピックアップされるのはレシーバーが多い。ぼくが日体大の監督になる前に9人制から上がっていって6人制のレギュラー・セッターになり、日本鋼管に入った選手もいた。

本命の来ない就活

大学を卒業するにあたり、どこのチームでバレーボールを続けるかという話になった。少し話は戻るが、大学の恩師の中田先生がぼくの高校時代の恩師である原田先生と師弟関係だったので、大学進学を考え始めた夏ころに日体大を薦められた。そもそも父は生粋のビジネスマンなので、そこそこの会社に就職させることを考えていたので、日体大への進学には反対した。しかし、すでに全日本からの声もかかっていたし、バレーボールを続けたいというぼくの熱意に負けて日体大への進学を了承してくれた。

普段から合宿所生活で泊まり込みで練習をしていたので、バレー部として地方での合宿はなかった。その代わり合宿や練習試合など、日本リーグのさまざまな企業チームにお世話になった。とくに広島にある帝人三原の築地輝雄監督には中田先生と親しかったこともあって大変お世話になった。広島には当時、高校バレー界の名伯楽の稲葉正文先生がいた。猫さんの崇徳高校時代の恩師であり、日本たばこチームを育てた人でもある。

遠征は、広島から大阪に移動して松下電器（現・パナソニック）、名古屋の住友軽金属で合宿をして帰ってくる。このあたりのチームが遠征合宿先だった。日本鋼管は世田谷と川崎なので距離は近いがあまり行くことはなかった。

広島出身の日体大の先輩が猫さんのいる日本たばこにいたが、中田先生は松下電器にぼくを入れたいと思っていたらしい。松下電器にも一つ上の先輩が行っていた。普通に考えるなら、森田淳悟をほしいというチームがあれば、直接ぼくのところに話にくるところだが、そうではなかった。企業の部長さんはみな父のところにあいさつにきたのだ。父は日清製粉の重役だったので、企業側とすれば他の選手とは勝手が違うと判断し、父にあいさつする方が先だと考えていたのかもしれない。ある日、父が「お前、就職はどうすんだ」と訊いてきた。「直接話を聞いているのは複数あるけど、決めようがない」と言うと「今日は○○の会社が来たぞ」と、自分のところには数社あいさつにきてると言うのだ。「会社側の話を聞いてみると、将来的にみて旭化成が一番いい会社だと父さんは思うんだけどな」と言う。「どうして？」と聞くと、「最近の景気や会社の業績を見ると、旭化成はいろいろな分野に幅広く事業を展開しているから、これから先さまざまな分野で成長していくぞ」と言うのだ。さらに、「富士フイルムもいい会社だが、いま父さんのところにきている会社のなかではバレーボール部に将来性が見えない。バレーをやめた選手がどうなったかがわからない。まだ新しいチームなのかな。そういう体制がまだできてない」と。

父はいろいろな会社のことを自分なりに分析していた。企業人にここまで言われると返す言葉がなかった。普通、選手の親は「息子に任せている」とか、「先生に任せている」というのが一般的なのだろうが、父の場合はそうではなかった。自分が疑問に思ったことはズバズバ担当者に訊いていたようだ。採用する立場からの意見なので、スカウトも迂闊なことは言えなかったのだろう。結局、富士フイルム、旭化成、松下電器、シチズン、住友軽金属、帝人三原から声をかけてもらった。

声をかけてくれた企業のなかに日本鋼管の名前はなかった。前年にも日体大から選手が行っているので、〝森田は松下電器に決まりだ〟と言う話が一人歩きしていたようで、他の企業はぼくを獲ることを敬遠したのだろう。自分のなかでは企業チームでやるなら、日本鋼管か富士フイルムと決めていた。富士フイルムは、東京オリンピックの銅メダリストでモントリオールとソウルオリンピックで全日本の監督をした小山勉さんが監督をしていた。

大学1年で全日本に入ったときにチェコの世界選手権に出場するために初めて海外遠征に

行った。そのときにずっと同部屋で親身になって相談に乗ってくれ、プレーのアドバイスをしてくれたのが小山さんだった。そこで初めて小山さんを知ることになるのだが、人間的に魅力のある人だと思っていた。

日本鋼管にも全日本の選手が何人かいたので、一緒にやろうという話はしてくれていたが、監督やスカウトがくることはなかった。いくら待っても本命の日本鋼管から誘いがこないので、大学4年の秋ごろにとうとうしびれを切らして、日本鋼管の出町監督に、「就職の件でお電話しました。いろいろな企業からお話をいただいているのですが、ぼくとしては日本鋼管にいきたいというのが本心です。中田先生ともこの話はしていません。日本鋼管の選手からは、9時から5時までは一般社員と同じように働いて、それから練習すると伺っています。私としてはそういうところに魅力を感じています。バレーボール選手としては限られた期間しかできませんが、引退後も日本鋼管に勤めたいと考えています」と自分から電話をかけた。出町監督は東京オリンピックのときの男子バレーのキャプテンだ。

当時は、ほとんどの企業が平日の午前中だけ働いて、午後から練習をしていた。ぼくは引退した後のことを考えれば他の社員と同じ勤務時間で働いていたほうがいいと考えたのだ。もちろん日本鋼管というチームも好きだったし、拠点も川崎なので家からも近かった。しかし、日本鋼管が中田先生に話をしないことには何も始まらない。そこで、「中田先生に話をしていただけないでしょうか」と出町監督に直接お願いしたのである。すると二つ返事で、「わかりました。中田先生に話をしましょう。いまの気持ちは持ち続けていてください」。日本鋼管には、自分から話を持ちかけたというのが真相である。

それから出町さんは何回となく中田先生のところに足を運んでくれた。しかし中田先生は「森田は松下電器に入れる」と言い続けた。なかなか進展しないときに出町監督と食事をする機会があった。そのとき出町監督に、「中田先生は、森田は松下に入れるの一点張りで、なかなか首を縦に振ってくれない。ここは森田くんが中田先生に就職の話をきちんとしない限り進展しない」と言われた。

前の年のキャプテンがレシーバーで松下電器に行っていたし、中田先生は松下電器と親しくしていたので、ぼくも松下電器に行かせようと思っていた。しかし、松下電器には他大学から同級生が6人も行く予定だった。ぼくとしてはそれでは面白くないし、バレーを辞めた後のことを考えると、きちんと仕事ができる会社にいかなければいけないと考えていた。

そこで意を決して中田先生の家に行き、「もうすぐ就職なので相談にきました。自分としては日本鋼管に行きたいと思っています」。そう話すと、「おれとしては世話になっている松下でプレーしてほしい」と、開口一番、中田先生はそう言った。そこで、東京から通えること、ずっと憧れていたこと、一般社員と一緒に働けること、引退後のことなど思いの丈をぶつけると、「森田がそこまで言うなら仕方ない。お前の家からも近いし、森田の希望するチームで活躍できることが一番だからな。確かに日本鋼管にもうちのチームは世話になってるし、どうしても松下じゃなきゃだめだとは言い切れない」。中田先生はそう言うと、確かに残念そうではあったが、決して強制するようなことはなかった。

翌日、出町監督に電話して、「中田先生に話をしました。先生も納得してくれました。つきましては、またお出でいただけませんか」とお願いした。すると何日かして、中田先生から「森田、今日、日本鋼管の出町監督がおれの家に来るから、お前も来い」と言われた。それからはすんなりと話は進んで日本鋼管入りが決まったのである。松下電器はぼくがくるものだと思っていたから、改めて中田先生を通す必要はないと考えていたのだろう。その後になって何度か松下電器からアプローチがあった。

日本鋼管には大古誠司がいた。大古は東芝学園の出身だった。東芝学園は当時は東芝の企業内学校つまり養成所で高校認定されていなかったが、彼が卒業したあとで高校認定された。大古のお父さんが日本鋼管の人で、大古には日本鋼管で働きながらバレーボールをするという思惑があったらしいが、大古が入るまえに日本鋼管の養成所がなくなってしまったので、東芝に入った。そして、東芝のバレーボールの大会に出場したとき、日本鋼管で監督をしていた出町さんの目にとまった。「東芝にでかくて馬力のあるやつがいるぞ」という話を聞いて出町さんが観に行ったのだ。そして大古は遠回りしながらも思惑通り日本鋼管バレー部に入り、工場事務として働いていた。ところが入ってみるとバレー部は大卒ばかりなので尻込みしたらしい。

いま思えば、自分から日本鋼管に連絡しなかったら、そのまま流れに任せて松下電器に入っていたかもしれない。あそこで、中田先生に自分の意思を伝えていなければ、また違ったバレーボール人生になっていたかもしれない。バレーはいつまでも続けられるわけではないし、選手生活を終えた後、一人前に仕事ができる会社を選んだのは間違いではなかった。そのときはそう確信していた。それは高卒で大企業の重役までなった父の影響だろう。一流のビジネスマンであった父は威厳があって本当に尊敬していた。

日本鋼管時代

日本鋼管に入社

日本鋼管では朝9時から夕方5時まで仕事をして、練習は5時過ぎからの2時間程度だった。練習が終わって、作業着に着替えて残業する人が半分ぐらいいた。自主性を重んじて、新卒でも一人前の社員として扱ってくれた。それは鋼管に入ってまずよかったと思ったことだ。会社としても、バレーボールに支障が出ないようにはじめは庶務課に配属になった。会社全体の雑用一般の部署である。会社の仕事とはどこでもそうだが、英語が話せるとか、技術があるとか、何らかの技能がある場合は別だが、それ以外は人と人との関係、人とのつながりが重要になってくる。当時、庶務課では地域とのつながりを作ろうとしていたので、近隣の人たちとの付き合いも仕事の一つだった。人付き合いをする上で学校でやってきた勉強は役に立たないし、ましてや学校の勉強は仕事に当てはまらない。

会社に入ったときからいまでも思っているのは、会社というところは学校に置き換えると専門学校だということだ。電気、フイルム、鉄、同じ鉄でも軽金属もあるので、会社によってまったく取り扱うものが違う。会社に入れば3ケ月なり半年なりの研修がある。学校で言えば専門科目に慣れさせるための体験学習だ。新人教育から始まって昇進していくには管理職としての教育がある。働く上で大切なのは人間関係であり、会社というところは入ってしまえばどの大学を出ていようが同じだと思った。

入社1年目、仕事にも慣れてきたころ、日本リーグの東西対抗が実業団としてのデビュー戦となった。試合会場が関西なので、関西チームが有利になるように画策しているのではないかと思う場面がいくつかあった。完全敗者復活戦という試合形式もその一つだ。決勝で日本鋼管が松下電器に勝った。普通はそこで優勝になるが、完全敗者復活戦なのでもう一回チャレンジできるというのだ。そのときは松下と普通のトーナメントの決勝をやり3－2で勝って、そのあと完全敗者復活戦でまたも松下に3－2で勝った。同じ日に完全敗者復活戦をやるのでお客さんは喜んでいた。

再試合の完全敗者復活戦までは時間があったが、宿に帰るにも中途半端な時間だったのでマネージャーが試合会場近くのラブホテルに交渉して、そこで休養を取った。試合で一番跳んでいたのがぼくだったので、出町監督が部屋にきてマッサージをしてくれた。そのとき出町監督は「おれの采配が勝つか、お前のスタミナが持つか、どちらかだな」と言う話をした。西の不公平さが目立ち、疲れたが、一日に2試合やって面白かった。

ぼくが入る前から日本鋼管は日本リーグの常勝チームになっていた。練習時間は相変わらず2時間くらいで、練習後、大部分の人が残業のため仕事場に帰っていくスタイルは変わらなかった。そんななかで常勝チームであったのはすごいことだと思う。

東西対抗は、圧倒的に東が強く、西は問題にならなかった。この東西対抗戦では、東の選手は、ほとんどが全日本のレギュラーだった。横田、嶋岡、それにセッターの平岡。ぼくはセッターとしては猫さんより平岡のほうが上手いと思っていたが、平岡は全日本には選ばれなかった。松平さんと性格が合わなかったのではないかと思う。

メキシコが終わった直後からミュンヘンへの準備が始まっていた。毎年ミュンヘンを中心に親善試合や国際大会に行った。それは「決勝で東ドイツと当たったときのリハーサルのためだ」と松平さんは言っていた。日本と東ドイツが戦ったとき、会場となるミュンヘンでは、西ドイツのお客さんが東ドイツを応援するだろう。西ドイツと東ドイツは政治上、分裂しているだけで、オリンピックなどでは西であろうと東であろうと、ドイツ人はドイツを応援するからだ。共産圏と資本主義圏に分かれていても国を想う心は同じである。

「東ドイツ対日本になったとき、西ドイツのファンをひきつけ、日本を応援してもらうためには、日本の複雑なコンビネーションバレーを西ドイツの人たちに見てもらうのが一番だ」との松平さんの考えで、日本を知ってもらうために毎年ミュンヘンに行ったのだ。ミュンヘンとオーストリアのインスブルックは１００㎞くらいしか離れていないので、この付近も転戦した。この辺りはぼくの大好きな景観地である。

日本鋼管
NKK

海外遠征でソ連に行ったときのことだ。いまはどこの国の選手もミネラルウォーターを飲んでいるが、当時は一般的なミネラルウォーターなどなく、現地の水も飲めないのでガス入りのミネラルウォーターを飲んでいた。しかし炭酸がきつく栓を開けるとシャンパンのように噴き上がった。それを飲むとお腹がパンパンに膨ってしまい、試合どころではなくなる。そこでレモネードを用意した。いろいろな色のレモネードがあったが、ソ連では防腐剤がなく、代わりにアルコールが少し入っていた。作戦タイムのときに、嶋岡がレモネードを持ってきて選手に配り、残ったレモネードを自分で飲んだ。すると、試合が終盤に近づくころ、味方の選手がミスすると「何やってんだよ、お前！　そんなの取れねぇのかよ！」などと大声で嶋岡が叫び出した。一番年下でよく動いていた嶋岡を、みんなは「何だ、アイツは」と言いながら、呆気にとられて見ていた。嶋岡を見ると、顔を真っ赤にして酔っぱらっていた。嶋岡はアルコールに極端に弱い体質だったのだ。

チェコの選手が日本に来たことがあるが、彼らはスーツケースを二つ持ってくる。一つは洋服など自分の荷物で、もう一つには高そうなカットグラスがぎっしりつまっている。お土産なのだがタダでもらうのも悪いので、お金を払ったときもあった。いろいろな国の人がお土産を持ってきてくれるが、ソ連は当時めずらしかったキャビアや琥珀を持ってきていた。日本から持っていくものでは、トランジスタラジオが人気だった。女性には、パンストを持って行き、選手の奥さんに持っていってもらった。パンストはとくにメイドさんにチップ代わりにあげると喜ばれ、部屋の掃除やわれわれへの対応がまるで違った。

ミュンヘンに向けて

松平さんはメキシコでも金メダルを獲りたかった。メンバーのほとんどがミュンヘンが二回目になる。メダリストの多くはオリンピック二回目、三回目の選手が多い。松平さんは、「オリンピックで金メダルを獲るんだという強い気持ちを持ち続けて練習しろ。その気持ちと同時に技術的にもこれが6人制の技だというものを一人ひとりが考えろ。複雑な日本のバレーをもっと複雑にしろ」とよく言っていた。ぼくが大学でたまたま遊んでいるとき一人時間差ができたが、できたときには試合でそれほど決まるとは思っていなかった。しかしやってみると百発百中だった。一人セッターだと二人攻撃の時ができるので効果的な戦法だった。

これまで9人制のオリジナルばかりで戦ってきた。ミュンヘンで6人制そのものという技を生み出さなくてはならない。ぼくは日体大でいろいろなトスのスパイクを打っていたので、いろんな面で器用だった。いまはミドルアタッカーといったらクイックしか打てない。点をとるエースになりきれといってもそれはできない。ぼくらのころのエースはサイドで打っているが、クイックをやってみたりした。いまの戦法と比べると、速さはいまのほうが速いが、ミュンヘンのときはそれぞれのスパイカーがいろいろなスパイクを打てたので、相手にしてみるとマークがしづらい。

いろいろな技を考え出す上で、ぼくは日体大のワンマンエースだったことが功を奏した。ブロックをかわす方法を常に考えていたし、クイックだけしか打てなかったら一人時間差なんて生まれていなかった。フォワードのセンターで二段トスを打ったり、ネットについたトスを直上で打ってみたり、サーブレシーブしたり、時間差にまわったりと、いろいろなことができた。クイックもいまとは違い、猫さんの手から離れた瞬間に打っていた。相手のブロッカーも自分がクイック打つつもりで跳んでこないとブロックできなかった。それだけに一人時間差は効果があった。いまは相手のブロック技術がよくなっているので、「一人時間差は時代遅れだ」と言う人もいるが、戦法をきちんと理解しないと新しいものは生まれてこない。ミドルブロッカーには、「もっと速いクイックを打て、速いクイックを打つことができれば物凄い武器になる」と教えている。

アタッカーは、ブロックが来ないで楽に打てる方法を考えることが大切だ。一人時間差もその場だけではなく左右にステップしてから打てば相手もそれに合わせて動かなければならない。そういった創造性を持って戦かっていた。Ｂのタイミングで跳んでＡの少し浮いたトスをブロードして打つ。こういったこともジャンプの滞空力がなければできない。ぼくは身長が１９４㎝あって、助走してジャンプすると95㎝くらい跳んでいた。これは全日本のトレーニングの成果であり、斎藤コーチの練習プログラムの成果である。

　ボール回しのトレーニングは、長い紐にボールを括りつけて斎藤コーチが振り回す。それを30㎝のスポンジマットの上に体操のマットを重ねた上で、ボールが当たらないようにジャンプしてよけ、次にボールが来ると腹這いの状態からボールをよけるのだ。マットの上なのでなかなか上手く跳ねることができない。この練習だとバーベルなど重たい物

斎藤コーチ考案のボール回しのトレーニング

を使わなくても足に負担がかかるし、腹這いになって起き上がるときには腕の力がつく。これを12名で40分くらいやっていた。斉藤コーチは「床の上で、毎日１００回、２００回跳んでいればジャンプ力は勝手につく」と言っていた。それだけではなく、柔らかいマットの上でジャンプするので、ボールを跳び越すときに、空中でのバランスがよくないと次の動作に移れない。とくにうつ伏せの状態からジャンプしているので、腹這いの姿勢が空中でまっすぐに正体していないと、腕をついて起き上がれないのだ。そういった練習をしていたので、咄嗟のときの対応に大いに役立った。

バスケットのリングの高さが３ｍ05㎝ある。半屈伸でも全屈伸でもいいからリングを掴めと言うと、いまの学生はできる子でも３回がやっとだ。ぼくたちは毎日10回タッチを５セットやっていた。３回目くらいまでは指の第二関節、第一関節までいくが、そのあとは指先だけになってくる。それでも両手でタッチする。毎日50回は跳んでいるから空中でのバランスは自然とよくなる。

日体大のバレーボール研究室に日本鋼管時代のブロックの写真パネルがある。山本監督がほしいと言うが、まだ壁に飾ってある。その写真はブロックをしようとしている写真だが、普通、自分の前からはずれたボールをブロックしようとすると身体が斜めになる。しかしぼくのブロックは身体はまっすぐだが腕だけ動いているので、コースを変えて打たれてもシャットアウトできる。身体が斜めになっている姿勢でブロックなんかできないのだ。そういう対応ができるトレーニングをいまの選手はしていない。ぼくらのころはジャンプしても腕だけでボールに対応できるトレーニングをみんながしていた。いいトレーニングは引き継いでいくことが大事だ。むかしの練習方法だから大したことはない、時代遅れだからやらないというのではなく、ぼくらはあの練習方法で金メダルを獲って世界一になった。それがすべてとは言わないが、いまに通じることがある、やらなければならないことがある。そう言うと、ある会長経験者に「過去の栄光は忘れろ」と言われたが、そうではない。むかしの練習をいまの選手にすべてやらせるのではなく、必要なことはさせた方が

研究室に飾られてある写真

いいと言っているのが、わかってもらえなかった。

水泳でも、古橋広之進さんが亡くなる直前まで「魚になるまで泳げ」と言っていた。「水泳は科学トレーニング＋泳ぎ込みが必要だ」と、北島康介（アテネ五輪、北京五輪の100m平泳ぎ、200m平泳ぎの金メダリスト。日体大ＯＢ）のコーチの平井伯昌さんも言っていた。ミズノに行った寺川綾には手に水かきがあったという。水かきは泳ぎ込まないとできないらしい。泳いで泳いで泳ぎ込んでロンドンオリンピックの女子100m背泳ぎで銅メダルを獲った。トレーニング一つにしても、むかしの方法でも取捨選択しなければならない。

ミュンヘン前のトレーニング

1971年9月、猫さんが宮崎の体育館で練習中、仲間と接触して右腕を骨折した。復帰するまで9ヶ月くらいかかった。よくミュンヘンに間に合ったと思う。猫さんも辛かっただろう。セッターはあとは嶋岡しかいなかったので、猫さんがいない間、南さんもトスをあげていた。ミュンヘン前のトレーニングは、ウォーミングアップから全力だった。普通の選手ならウォーミングアップで倒れているだろう。ウォーミングアップの段階でスパイクを打つ。

シートレシーブでもレシーバーに向かってスパイクを打つが、みんな軽めに打っている。すると松平さんが、「お前らな、はじめのアップで床打ちしたり、シートレシーブでフォワードからスパイク打ったりして肩はできてるはずだ。それがスパイク練習っていうとはじめからテロンテロン打ってるっていうのはどういうことだ。もし交代でコートに入って、すぐスパイクきたりトスがきたりしたらどうするんだ。そうやってテロンって返すのか！」と一喝する。1本目や2本目ならまだわかるが、3本目のボールがきたら力いっぱい打ち返さなければ意味がない。アップで完全に身体をつくったほうが、確かに練習の成果はあがる。大古もフェイントをいれて時間差にしたり、クリエイティブにやっていくことに真剣に取り組んでいた。早いクイックが打てれば武器が二つになる。ぼくもサーブ練習はエンドラインギリギリに打ったり、ドライブサーブを打ったりして工夫していた。

全日本の練習でこんなことがあった。関東では珍しく大雪の日に、佐藤哲夫（愛称：きゅうり）がいくら経っても練習に来なかった。電車が動いていないので来たくても来れなかったのだ。夜の10時に練習が終わり、帰り支度をしていると、ドアを開けてびしょ濡れの大男が入ってきた。きゅうりだった。すると松平さんが、「こんな大雪でもきゅうりが来たんだ。もう少し練習するぞ！」みんな、きゅうりに、「よく来たな、どうやって来たんだ」などと声を掛けていた。しかしぼくらは、「せっかく練習終わったのに、これで練習再開かよ」と内心がっかりした。きゅうりは会社のある箱根の足柄山を午後1時に出て小田急線の線路の上を9時間かけてずっと歩いてきたのだった。

ミュンヘンの試合会場

ミュンヘンでオリンピックの会場となる体育館を視察に行った。まだ建設中で玄関に床材のかけらがあった。ぼくが拾って持っていこうとすると、建築していた作業員が、「それを持っていってはだめだ」と言っていたらしい。しかし、言葉がわからないので「サンキュー、サンキュー」と言って持ってきてしまった。そこは、ちょうどバレーの試合会場になる体育館だった。松平さんに持っていくと「それはちょうどいい。この床材にあったシューズをつくろう」と言って業者のところに持っていった。偶然とはいえスパイもどきだった。

ミュンヘンのときにチームゲームで金メダルが期待できたのはバレーボールしかなかったので、どの新聞もバレーボールを一面で扱った。松平さん流のプロパガンダで、「大古と横田と森田が3人跳べば、〝富士山ブロック〟だ」と新聞記者を前にぶち上げる。実際はぼくら3人が一緒に跳ぶことはないのだ。しかし新聞に載ると、こっちも頑張らなければいけないと強く思うようになる。新聞などのマスメディアを利用しながらたくましさを植え付けていくのだ。ミュンヘンが近づくと松平さん流のプロパガンダがわかってきた。「おい、モンタ、こんなこと書いてあるぞ」とよく新聞などを見せられた。

松平さんには徹底して人間教育を叩き込まれた。「お前たちは、オリンピックに行って金メダルを獲る集団なんだから、後ろ指を指されないように、どんなことに対しても細心の注意を払わないとだめだ。人前での飲酒、煙草は絶対にするな。身だしなみや言葉遣いも気をつけるように。冬に握手を求められたら手袋をしていたらはずしなさい」等々、とにかく細かいところまで注意された。このことは、ミュンヘンに向かっていく環境のなかで物凄く役立った。ぼくらは自分たちでも金メダルが獲れると思っていたので、少しでも浮ついたり、生意気な態度を取ればガツンとやられる。

大古は我慢強さがないのでよく松平さんに怒られていた。海外遠征に行ったときだ。共産圏に着いて、試合場までバスに揺られて5時間かかった。スタッフ全員が乗っているので煙草も吸えない。試合場に着いても日本のようにおいしい水があるわけではない。水のかわりにソフトドリンクを飲む。ジュースやサイダーも炭酸が入ったものしかない。ゲップは出るし、喉も潤わない。それでも文句を言うことはない。しかし、大古はすぐに「こんなもんしかないのかよ」と言う。すると松平さんが来て「大古よ、お前はどこへいっても一番に不平不満言ってるよな」と言われる。そうすると大古が松平さんがいなくなったところで、ぼくらに、「おれは、おまえらが言えないから代わりに言ってやってる。それなのにおれだけ怒られる」。ぼくらは「べつに代表しておまえに言えなんて頼んでない」ということになる。いまの選手にもよく言うが、いろいろな面で我慢ができないと、いざというときに力が発揮できない。我慢する経験をしていないと、ここ一番のときに我慢も頑張りもできないのだ。「口だけでものを言うな。態度で示せ」。これも、松平さんから教わったことだ。松平さんはお酒を飲まない。みんなと一緒に飲みには行くが、自分はウーロン茶などを飲んでいる。呑兵衛に囲まれようが、お酒があろうがなかろうが普段通りだった。

ミュンヘンのときの代表メンバーには、大学のような年の差での上下関係はなかった。荷物を運ぶときも自分の分は自分でやった。大学ではコート内でも上下関係があったが、全日本ではそんなことはなかった。ただ松平さんや奥さんの荷物を誰が運ぶかということは決めておいた。

実践練習のなかでミーティングをしながら、アイディアを各自が出し合い、その場で試して、だめなところを直していく。アイディアを出して、それがすぐOKということにはならなかった。繰り返し繰り返し試してようやく実践で使えるものにしていくのだ。ひとり一人が怠慢なことをしていたら、それが即負けに繋がる。1点が命取りになる。そういうところは松平さんはすぐに見抜いた。少しでも手を抜こうものなら「そのプレーはなんだ！」とすぐに注意された。松平さんは、プロの目を持っていた。「いいか、いつも考えながらプレーしろ」が口癖だった。ぼくらは練習中、さぼるつもりなど毛頭ないが、ほんの一瞬の気の迷いや力が抜けるところを見逃さなかった。

松平さんは「オリンピックプレーヤーとしての技術を磨け」とも言っていた。そして「それぞれがミュンヘンへの道のりは違うだろう。母親のためにがんばる、父親のためにがんばる、恋人のためにがんばる、とそれぞれの持っているものは違うだろうが、ハートはひとつだ。金メダルを獲るんだ。だからその過程には何も言わない。でも金メダルを獲るというハート、その強い気持ちだけは一緒に持っておこう」と。

世界一になる、金メダルを獲るには、いい指導者、いい仲間、いい環境が揃わないと叶わない。そういった面からも、ミュンヘンの集団はすばらしい仲間だった。オリンピックで金メダルを獲るにふさわしい男たちの集まりだった。松平さんも世界一の監督にふさわしい人物だった。

メキシコまでは、このチームで戦っていればオリンピックに行けると、どこか安易に考えていた。自分なりに一生懸命やったつもりだったが、メキシコでは2位だった。チェコに勝てそうだったのに負けた。そこにぼくたちの足りない何かがあった。ぼくが〝勝ちたい〟という気持ちから〝勝つ〟という気持ちに切り替わったのは、プラハで国を背負うというプライドを教えられたその時からだ。そこからぼくのミュンヘンへの想いがはじまった。メキシコが終わって新戦法も産み出し〝おれがひっぱっていかなければいけない〟と思うようになった。「メキシコからミュンヘンにかけてどうやったら、金メダルを獲ると言う強い思いを持ち続けられるのだろう」と大古も横田も同じことを言っていた。

松平さんは「19歳でもコートに入ったら正選手。20歳でもスパイクを任せられたらエースなんだ。30歳の猫がトスをあげたのにふかした。ぼくは若いからダメ、体調が悪いからダメなんていうことは通用しないんだ」と事あるごとに言っていた。ミュンヘンオリンピックを迎えたときに、ぼくと大古と横田の3人とも25歳。一番いいときだった。悪さをするときも松平さんに見つからないように3人で智恵をしぼったが、松平さんはわかっていたのだろう。それでもばれるときはばれて、説教されたこともあった。いまの子は悪さをしてもすぐ見つかる。やることが幼稚だ。「こいつら煙草吸いにいくな」と思って見てると、少し脇道に入って吸っている。ぼくらはどうすればばれないかという工夫をいつも考えていた。

全日本の遠征で、地方に試合に行ってもよく飲んだ。昼に仙台で試合をするときは、泊まる宿や飲みに行く店も決まっている。三次会、四次会に行く店も決まっている。食事のときはみんなと一緒だが、飲みに行くにつれだんだん人数が少なくなってくる。お店のほうもはじめはぼくのことがわからなくても、だんだん〝バレーの森田〟だってわかってくる。

日本リーグでのことだ。あるとき飲みに行って店から出ると雪が降っていた。明け方の3時ごろだ。夜が明ければ試合だ。旅館に戻り音をたてないように裏木戸を開けようとすると、裏木戸が濡れている。積もった雪に足跡がついていたので中を覗くと松平さんがいた。「これはやばい」と、もう一度飲み屋に戻って、朝の4時半まで飲みなおした。そして7時30分の宿の朝食に間に合うように、そうっと見つからないように帰って、風呂に入り、「よく寝ました」という顔をして席についた。しかし自分でも酒臭いのがわかる。みんなで顔を見合わせて「今日勝たないとまずいぞ」とこそこそ話した。公式練習がはじまると大古が来て「今日おれダメだわ、ぎっくり腰やっちまった」と言う。試合になると、沼倉がいるのに全部ぼくのところにトスがくる。勝つには勝ったが、その日の試合は、ボールが二重に見えていた。

松平さんには「バレー馬鹿になるなよ、いろんなことに気をつかえるようになれ」と教えられた。松平さんの影響は大きかった。競技をやるスポーツ選手としての姿勢はすべて松平さんから教わったと言っても過言ではない。「夏の暑い盛りにビーチサンダルに短パンで練習にきたいだろうが、暑くてもスポーツシューズを履いてこい」「スポーツマンとはジェントルマンなんだ」という姿を教わった。

コートをでたときの振る舞いでも、ぼくは煙草を吸っていたが、松平さんは煙草をやめろとは言わない。「人前で絶対に煙草を吸うな」と、酒を飲むなとも言わない。しかし「パーティ行って酒は飲むな。ジュースにしろ」と言う。こういうところは徹底していた。ぼくはヘビースモーカーではなかったが、共産圏などは空港から数時間バスに乗ってホテルに入る。その間煙草を我慢して、ホテルに入ると一斉に吸い出すこともあった。松平さんは、東ドイツのエンターという監督がライバルで、見栄もあったようで、「うちの選手はジェントルマンだ」と自慢していた。全日本チームの12人の中10人が酒飲みで、10人が煙草を吸っていた。煙草を吸わないのは猫さんと西本（専売広島〈現・ＪＴ〉）だけだった。

いざミュンヘンへ

ミュンヘンへは羽田から出発したが、マスコミを始め大変な人出の見送りだった。このときのメンバーは、下に嶋岡、佐藤、深尾、西本の4人。上は南、猫田、中村、野口。ちょうどぼくが真ん中だった。同じ年が早生まれの大古と横田。ミュンヘンに向かって新戦法もでき、心構えもできた、悪さを隠すコツも覚えた。この間はほんとうに楽しかった。きつかったけれど楽しかった。松平さんとも7年も8年も付き合って気持ちも通じてきていたので、ミュンヘンが近づけば近づくほど厳しいことや細かいことは言わなくなった。ただミュンヘンに向かっていくにあたり「もっとマスメディアの人たちと友だちになれ」と言われた。

いまの指導者はマスメディアを遠ざける。なにかあれば記者会見で話すが、会見の10分や15分で自分の思っていることをすべて話せるわけもなく、伝わるはずもない。記者と歩きながら話す。向こうも面白い記事が書きたいのでいろいろな質問をしてくる。しかも記者はいろいろな情報を持っている。逆に教えて貰うこともあった。試合まであと2日に迫ったとき「試合まで2日だから、マスメディアの対応はおれに任せろ、お前たちは試合のことだけ考えろ」と松平さんが環境をつくってくれた。

番号	氏名	年齢／身長	所属
1	南　将之	31／196	旭化成
2	猫田勝敏	28／179	専売広島
3	中村祐造	30／185	新日鉄
4	西本哲雄	22／190	専売広島
5	木村憲治	27／185	松下電器
6	深尾吉英	23／194	東レ
7	野口泰宏	26／186	松下電器
8	森田淳悟	25／194	日本鋼管
9	横田忠義	25／194	松下電器
10	大古誠司	25／194	日本鋼管
11	佐藤哲夫	23／198	富士フイルム
12	嶋岡健治	23／185	日本鋼管

監督	松平康隆	
コーチ	池田尚弘	
トレーナー	斎藤　勝	

ミュンヘンオリンピック　全日本メンバー

試合の10日くらい前にミュンヘンに入った。選手村に入り、いざ練習がはじまると、体育館の練習時間の割当が1時間半と思いのほか短かった。前のチームが練習しているときに外でアップを済ませ、中に入るなり対人レシーブでガンガンやって、1時間半を有効に使った。はじめのうちはそれでもよかったが、だんだん、練習が足りないと不安になってくる。体育館も取ろうと思えば取れたのだろうが、敢えて取らずに、顔見知りの他国のチームと得点をつけないゲームをしたりして、バレーがしたい、試合をしたい、という状況を松平さんは作り出していき、大会になると手綱をゆるめて、本番で全力疾走させるという環境を作り上げていったのだ。そのため、大会が始まったら試合が楽しくて楽しくて仕方がなかった。

ミュンヘンオリンピック開幕

悩み事があるとゲームに支障がでるので、試合前に買い物に行ってお土産の悩みは解消しておいた。これも松平さんの差し金だった。あとは大会が始まってしまえば、試合がしたくてたまらない気持ちが爆発した。日本は予選のグループBに入り、ルーマニア、キューバ、ブラジル、西ドイツと対戦し、すべてセットカウント3－0で勝ち進んだ。

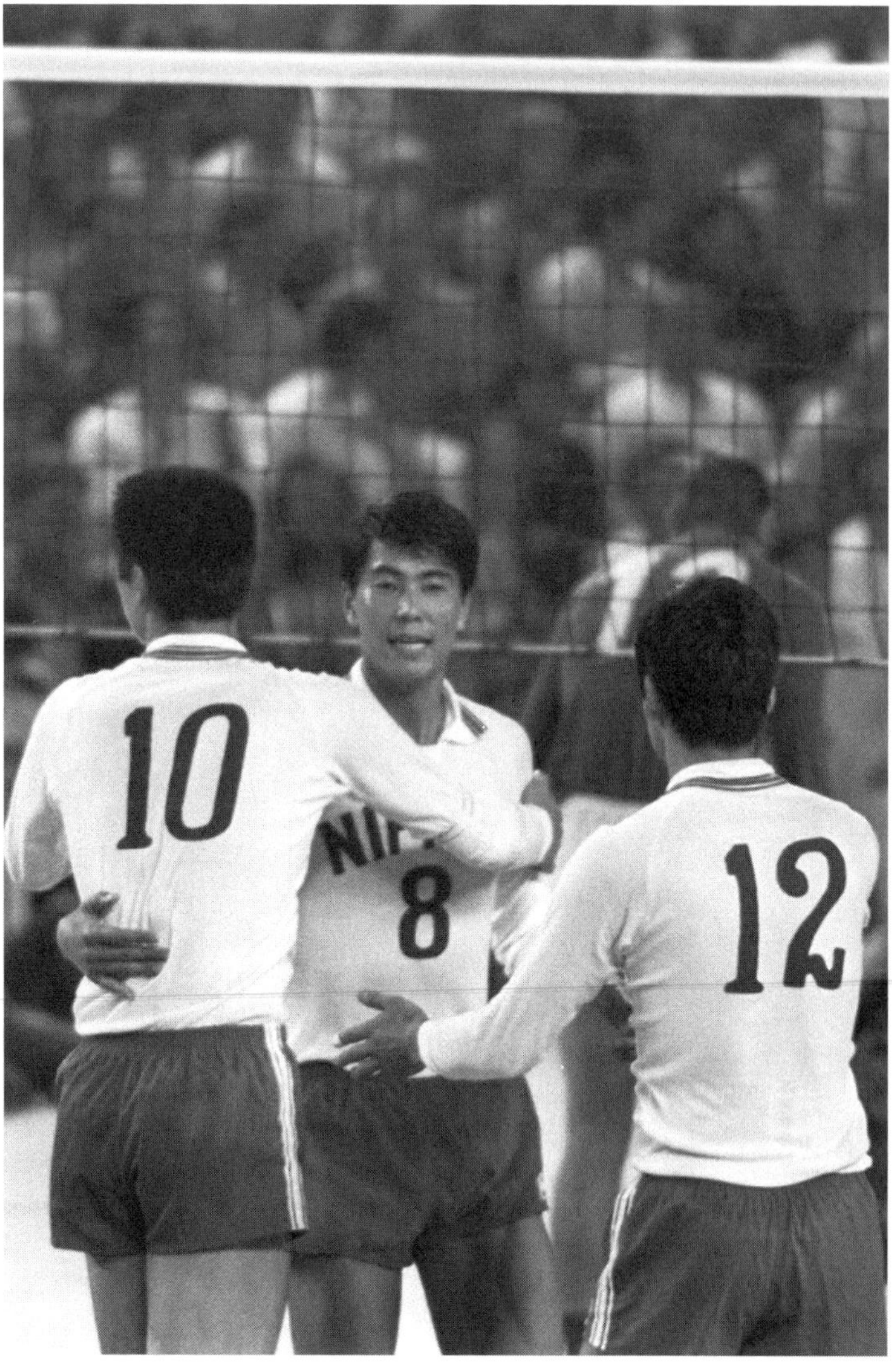
10
8
12

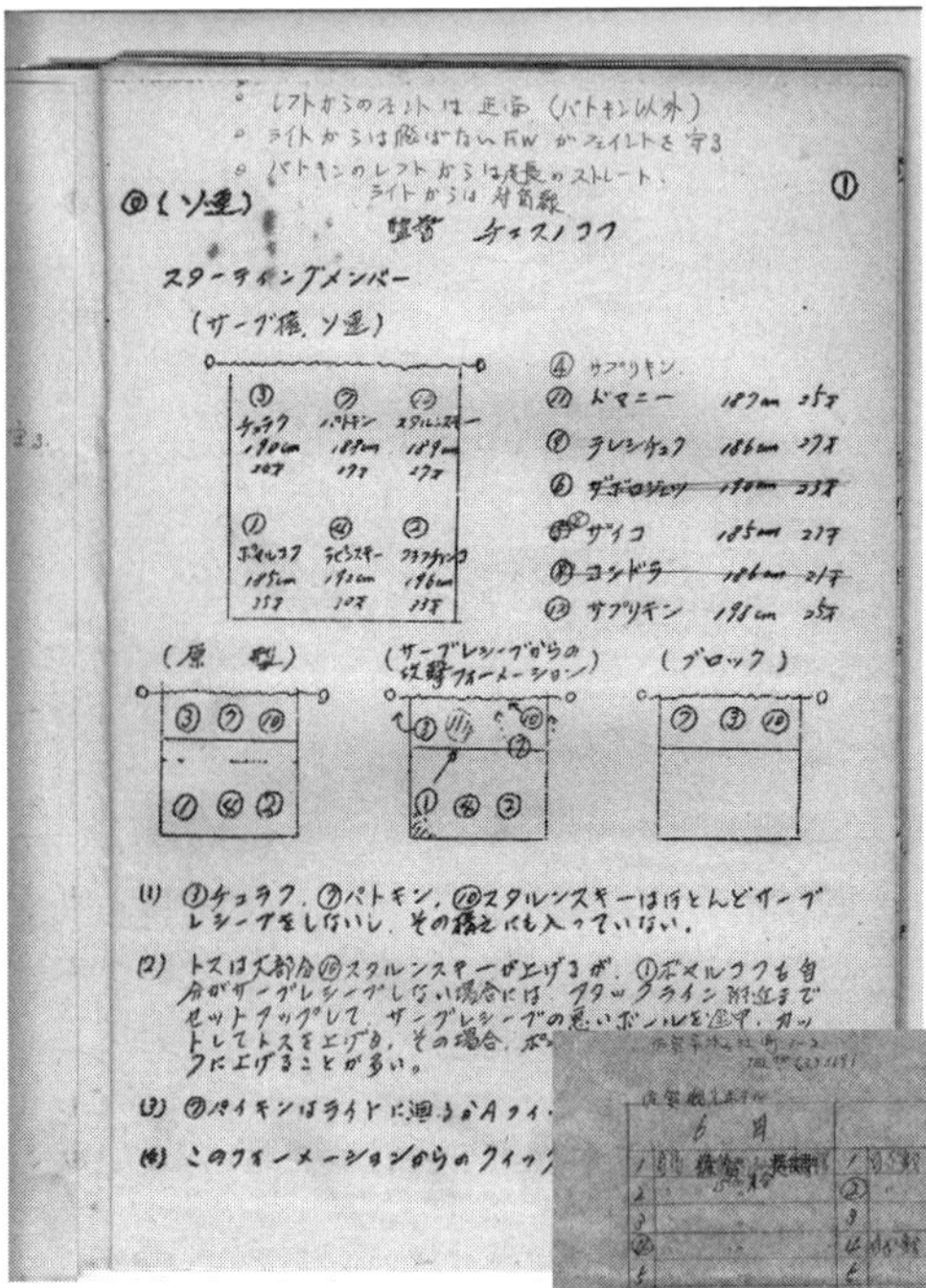

・レフトからのネットは正面（バトキン以外）
・ライトからは飛ばないFWがフェイントを守る
・バトキンのレフトからは度長のストレート、ライトからは対角線

①

⑩（ソ連）

監督　チェスノコフ

スタートイングメンバー

（サーブ権、ソ連）

③ チュラフ 190cm 20才　⑦ パトキン 188cm 17才　⑩ スタルンスキー 189cm 27才

① ボベルコフ 185cm 25才　⑭ ラピンスキー 192cm 20才　② フラブチェンコ 196cm 25才

④ サプリキン
⑪ ドマニー　187cm　25才
⑧ ラレシチュク　186cm　27才
⑥ ~~ザボロジェツ　190cm　23才~~
⑤ ザイコ　185cm　21才
⑨ ~~コンドラ　186cm　21才~~
⑬ サプリキン　191cm　25才

（原型）　（サーブレシーブからの攻撃フォーメーション）　（ブロック）

(1) ③チュラフ、⑦パトキン、⑩スタルンスキーはほとんどサーブレシーブをしないし、その構えにも入っていない。

(2) トスは大部分⑩スタルンスキーが上げるが、①ボベルコフも自分がサーブレシーブしない場合には、アタックライン附近までセットアップして、サーブレシーブの悪いボールを途中、カットしてトスを上げる。その場合、ボ……クに上げることが多い。

(3) ⑦パイキンはライトに廻るかAクイ……

(4) このフォーメーションからのクイッ……

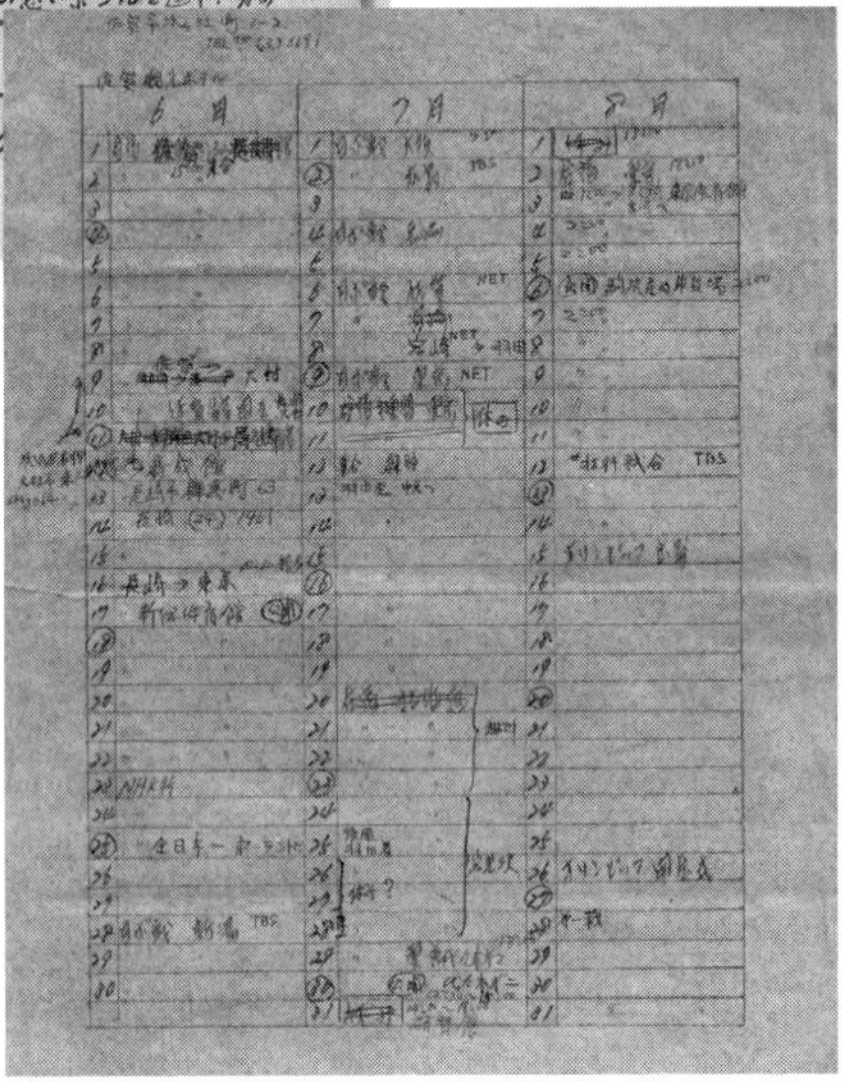

	6月		7月		8月

斎藤コーチのメモ

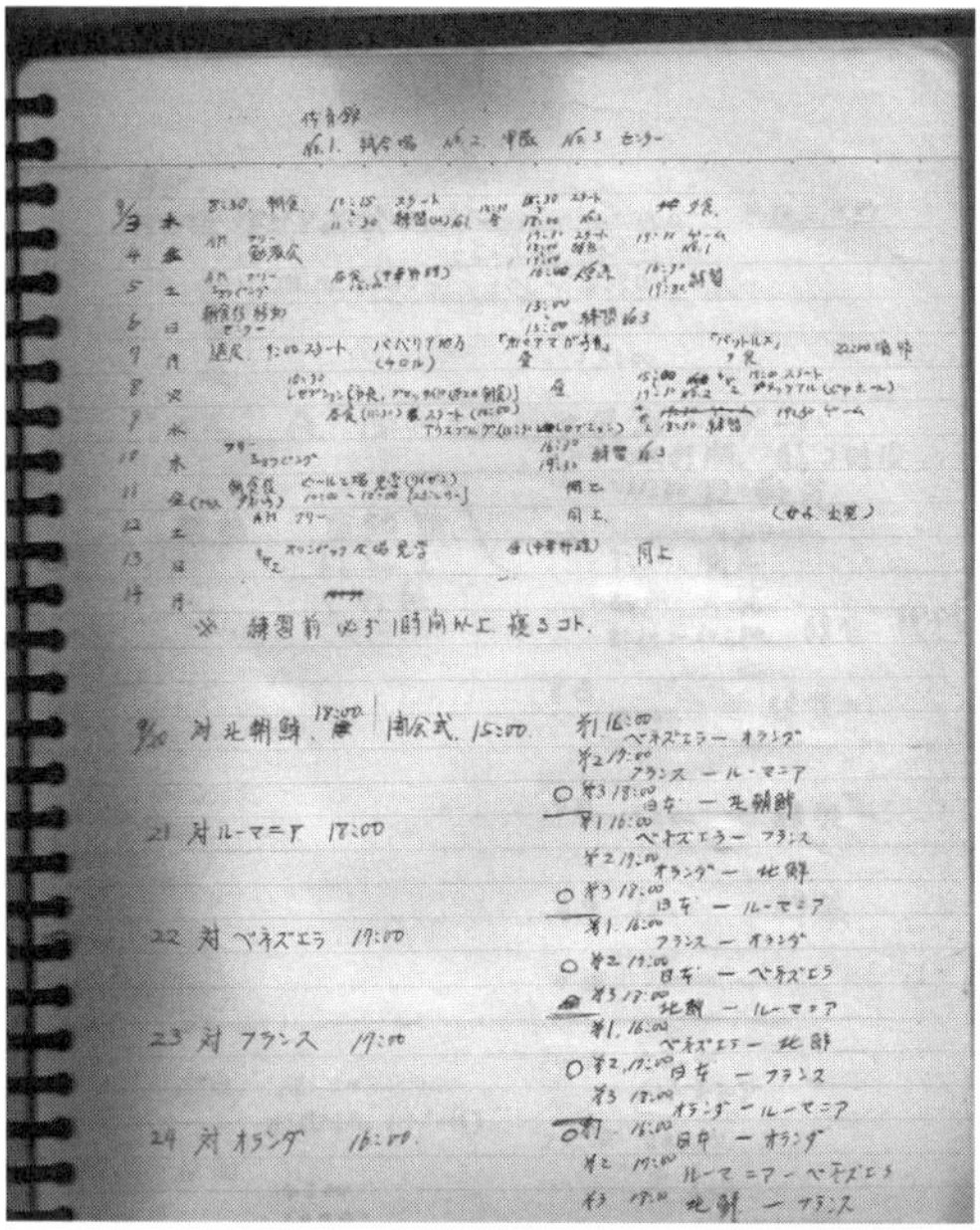

松平監督の直筆ノートと写真

そして迎えた準決勝のブルガリア戦。あのときは気持ち的に相手をなめていたわけではなかったが、春に7戦やって全勝していたから、油断がでたのか、少し鉢巻きが緩んでいたのか、1セット目を13－15でとられた。エース以外の決定力が弱かったことと、クイックの速攻だけをマークしていたのが敗因だ。2セット目を9－15でとられると身体が固くなり、あせりもでてきた。すると松平さんが「お前たち、あと2時間このコートに立っていれば勝てるよ」と、たった一言だけそう言った。普通、負けそうになると、あれやこれやとわめきだす指導者も多い。しかし松平さんは「なにやってんだ！」などと叱責することはなかった。

松平さんのその一言で不思議なことに気持ちが軽くなった。「そうだよな、おれたちは7戦やって、こいつらに7回勝っているんだもんな」。そう思うとますます気持ちが軽くなった。指導者というのは戦術や戦法だけではない。叱咤するだけでもなく、どうすれば落ち着かせることができるのか、落ち着きを失った選手をどうすれば励ますことができるのか、そこまで考えておく必要がある。

リセットして、コートチェンジして、水飲んで、そこで松平さんのたった一言。選手は焦ってるときに3つも4つも忠告を受けても頭に入らない。せいぜい一言か二言。次のセットを落としたら負けだ。要するに5セットまでいけよってことが言いたかっただけだ。3セット目はシーソーゲームだったが、後半に一時は9点差をつけた。終ってみれば15－9。4セット目もリードされたが15－9でとって追いついた。

ブルガリアは〝打倒日本！〟を合言葉に、あらゆるデータをとっていたらしい。ぼくは徹底的にマークされた。とくに速攻と時間差は完全に封じられてしまった。そこで南さんが投入された。南さんにトスがあがると全部決めてくれた。松平さんが日本にいるときの合宿中に「南はどこの国の選手も知っている日本の顔だ。オリンピックでは困ったときにはこの顔を使う」と言っていた。なんでもないパスからのクイックモーションに南さんは跳んでくる。ブルガリアは、「日本はベテラン南をもう使ってこない」というデータがあったのだろう。ときには猫さんがレシーブしたあと、南さんがトスを上げたりと、臨機応変に対応した。ぼくが引っ込み、木村憲治さんが引っ込み、深尾も引っ込んで、中村祐造さんと南さんというベテランが出て、新人の嶋岡がトスを上げスパイクを打つ。これがおもしろいように決まった。ぼくらもズラタノフというエースの対策だけは考えていたが、あまり他の選手は頭になかった。セッター対角のシンオノフなど、脇役と思われる連中にやられたのだ。

5セット目は無我夢中だった。「自分のところにきたボールにはとにかく手を出していこう！　絶対にボールを落とすもんか！」。そう心に決めると、もうボールめがけて飛んでいくしかなかった。最後はぼくがサーブを打ち、バックライトにレシーブに入り、ブロックが2枚跳んで、バックライトで待っていると抜けたボールがすぐ側にきた。無我夢中で手をだしたら、ワンハンドレシーブがうまく嶋岡のところに飛んでいった。嶋岡もスタンディングジャンプして、そのまま芯をついた。みんな無心だった。「勝った！」。みんな歓喜してコート内を飛び回ったが、南さんだけはゆっくりと膝のサポーターをおろしていた。

準決勝のときのドーピング検査がまた大変だった。ドーピングコントロールの番号の書かれた棒を係の人が持ってくる。そのくじを監督がひいて、背番号があたった人が検査をやる。各チーム2名ずつ。松平さんが引いた棒にはぼくの番号である8と書いてあった。尿がでないので水をがぶがぶ飲まされたが、1時間くらい経っても出ないので、とうとう係員がビールを持ってきた。「はじめからビールを出してくれていたらよかったのに」と思ったが仕方がない。ずっと当たらなかったのがオリンピックの最後で大当たりだった。

ミュンヘンの決勝

死闘を演じたブルガリア戦の翌日。決勝の相手はソ連を破った東ドイツだ。昨日のことがあったので、気持ちを引き締めながらもリラックスして臨んだ。このころの東ドイツには、シューマン、シュルツ、シュナイダーという3人のエースがいて、高さもあって強かった。

1セット目を11－15でとられたが、東ドイツはとっかえひっかえ戦法を変えて打ってきた。昨日の二の舞になるのかと思ったが、そのあとは15－2、15－10、15－10と3セットを連取した。完全に日本のペースだった。

メキシコオリンピック後に、松平さんが「東ドイツがソ連を食って、東ドイツと決勝することになったら困るぞ」と言っていたのがずばり的中した。しかし、観客は一方的に東ドイツを応援するかと思っていたが、いいプレーに対しては東ドイツだろうが日本だろうが関係なく拍手をし、声援を送ってくれた。東ドイツがレシーブすると、「アイン・ツバイ・ドライ」と言う大合唱だ。

日本の攻撃はどこから打ってくるかわからないのでかけ声はかからないが、お客さんは大いに喜んでいた。毎年、ミュンヘンに行って試合をしていたのが功を奏した。松平さんは事前にいろいろと手を打っていたのだ。ラルフ・アンドレーレンというヨーロッパの会長さんと親友になり、日本に呼んだり、家に泊まったりもした。その方に合宿や試合でいろいろとおねだりをしていたようだ。アンドレーレンさんは、松平さんの要求にほぼ応えてくれたようだった。

松平さんは何回も何回も繰り返し、「あのとき、よくオリンピックを続けてくれた」と言っていた。いまで言う『ミュンヘンオリンピック事件』（1975年9月5日にパレスチナの武装組織である『黒い九月』がミュンヘンオリンピックの開催中、イスラエル選手団の宿舎に突入し、選手などを人質に立てこもった。犯人側の要求はイスラエルに収監されている234人を解放することだった。結果、犯人の突入時に殺害されたレスリングコーチなど2人と、選手の人質9人の合わせて11人と警官1人、犯人8人のうち5人が死亡した）である。この人質ろう城事件が発生したことで、ミュンヘンオリンピックはジ・エンドだったかもしれない。それを一日喪に服して、次の日から続行したのである。

それは予選ラウンドの最終戦、対西ドイツ戦の日に起きた。試合を終え選手村に戻ると辺りは騒然としていた。日本選手団の宿舎から直線でわずか100m先くらいのところにイスラエルの宿舎があり、サーチライトに照らされて、上空にはヘリコプターが2、3機旋回していた。「日本選手団は絶対に外にでないように！」と本部からきつく言われていた。情報は全く入らなかった。9時過ぎになるとぴたっと静かになった。係の人がきて「犯人グループは人質をとって飛行場に行きました。ひとまずここは安全です」と言った。夜遅くなってからの情報で、人質も犯人も全員死んだと知らされた(実際は犯人は8人のうち5人が死亡)。翌朝、イスラエルの選手団が泊まっていた宿舎の玄関はろうそくで埋め尽くされていた。哀しい事件であったが、オリンピックが再開し続行されたことで、ぼくらは金メダルを手にすることができた。

NIPPON

優勝が決まったときは、うれしいという気持ちよりも、ホッと安堵した気持ちのほうが大きかった。「やっと終わった。もうあのつらい練習をしなくていいんだ」と。いまでもそうだがぼくは妥協を許さない。自分がこうだと思ったらやり通す、やり遂げることが自信につながって、オリンピックの金メダルになった。

ミュンヘンを終えて

ミュンヘンオリンピックが終わった10月に鹿児島で国体があった。ぼくはそれまで全日本の関係で国体に出たことがなかった。会場は、鹿児島県の鹿屋市で、鹿屋は自衛隊の町だった。高体連の副部長をしていた今和泉に、ゆっくり飲めるお店を探してもらい、今和泉と横田と大古とぼくで大会前から集合していた。毎晩、サントリーの〝だるま〟を4人で4、5本空けていた。試合が終わるころにようやく酒が抜けて、また夜になると飲みに行く。監督の木村晃さんも知っていたが、勝っているので何も言わなかった。

明日が決勝というとき、監督から、「神奈川県知事がきて、陣中見舞いだと言って金一封を置いていってくれた。今晩は出歩かず明日の勝利に備えよう」と話があった。ぼくたちは監督の言う事を素直に聞いて、今晩は部屋で飲もうということになった。そこでビールとウイスキーを用意して、大古と二人で夜中まで飲んでいた。監督は、「大古と森田が外に飲みにでたら、玄関で待ちぶせし、夜中に帰ってきたらとっちめよう」という腹づもりだったらしい。若い者は若い者同士で、「森田さんたちもどうせ飲みにいってるだろうから大丈夫だろう」と飲みに出掛け、夜中の12時過ぎに帰って来た。しかし、若い連中は要領が悪い。「森田は部屋にいますよ」と聞いて、監督の策略実らず、がっかりしていたところに若い連中が帰って来たので「お前らは絶対に外出するだろうと思って待ってたんだ」と、ここぞとばかりに説教を始めた。後から「森田たちの分も怒っておいた」と聞かされた。

翌日の決勝も松下電器を相手にフルセットの大接戦になった。5セット目から「じゃあ、そろそろ本気でやろう」と大古と話し、あっという間に勝った。あのころは何をやっても許された。富士フイルムがどうしても日本鋼管に勝てないので、勝つ要領を知りたいと、練習試合を申し込んでくる。しかし練習試合ではどうしても本気になれない。10セットやると5対5や4対6で負け越すので、富士フイルムはしてやったりと帰るのだが、公式試合になるとコテンパンにやっつける。普段からそうなので「試合になればなんとかやってくれるだろう」と監督もぼくらを信用していた。

練習試合で10セットやっても体重は減らない。しかし公式試合で5セットやると3キロは落ちる。本気でやるとそれだけ違う。動きが違う。練習は全力でやっているつもりだが、実は身体が自然にセーブして全力の7割から8割でやっているのだろう。

全日本を引退

25歳でミュンヘンを終え、同じ歳の横田や大古は、次のモントリオール（4位）まで続けたが、モントリオールでは29歳になる。ミュンヘンの翌年も全日本に選ばれたが、もう一度日の丸をつけて頑張ろうという気力は湧き出してこなかった。日本鋼管ではバレーを続けていくが、日の丸をつけて闘うためのモチベーションはなかった。オリンピック選手が、オリンピック後に「すこし休みたい」と言っている気持ちはわかる。〝やりきった〟と言うことだ。ジャンプの葛西紀明は執念でメダルを獲ったが、〝やりきってない〟のだろうか？　42歳でさらなる目標を持って挑み続けているのだから本当にえらい。

オリンピック後に松平さんたちと記念旅行でミュンヘンに3回行った。1回目は15周年記念で、例のバレー会場だった体育館に行ったが、ミュンヘン大学の体育館になっていて、観客席はなく、フロアしか残っていなかった。建物はいまもあると思う。2回目のときは25周

ミュンヘンオリンピック記念旅行（2007 年）

年記念で猫さんと南さんの奥さんも一緒だった。2回目は猫さんが亡くなっていたので、猫さんの奥さんがオリンピックを思い出して泣いていたのが印象的だった。3回目は35周年記念だったが、ぼくも還暦を迎える歳になっていた。

松平さんはメキシコでも金を獲ろうと思っていた。ミュンヘンまで8年計画だとマスコミには宣言していたが「メキシコで負けたから8年計画にしたんだ。あとから付け加えたんだよ」と笑っていた。しかし、いま思うと、よくミュンヘンのときにこれだけ背が高いのが集まったもんだ。いまの全日本よりも身長が高い。ぼくと横田と大古と194cmが3人で、佐藤哲夫は198cmで一番大きかったがいまは縮んだ。

松平さんが亡くなったあと、奥さんを囲んで、2か月に一回くらい東京近郊の連中を集めて食事会をしているが、毎回楽しみにしている。気心の知れた仲間との団らんに時の経つのを忘れる。大きいのばかりが揃うと壮観だ。ぼくが一番仲が良かったのは、現役中は木村憲治さんだ。嶋岡ともずいぶんと話をした。全員がべったり一緒というよりは練習や試合が終わると、〝一匹狼〟が多かった。みんなでぞろぞろと食事したり、飲みに行ったりと言うことはあまりなかった。

ぼくは松平さんにも意見を言った。怒るときは怒る。「やめてやる！」と啖呵を切ったこともあった。中でも長崎の事件は有名らしい。遠征先では10時30分の門限があるが、ぼくらが帰ったときにまだ松平さんが帰ってなかった。コーチの池田(現・中野)尚弘さんは佐賀の人だったから自分の家に帰っていた。監視役がいないことをいいことに「いくら、がんばれって言われても、門限が早すぎてうさばらしもできない」と、それぞれに文句を言いながらロビーで松平さんを待っていた。すると12時近くに松平さんが帰ってきた。松平さんも不穏な空気を感じたらしい。ぼくはキャプテンの中村祐造さんが松平さんに言ってくれると思ったが、何にも言わないので仕方なくぼくが口火をきった。

「もうすこし門限を遅くしてください。松平さんもこんな時間まで帰ってこないじゃないですか」。すると、松平さんはテレビ局の人と一緒だったらしく、「おれは遊び歩いてるわけじゃない。テレビ局との利害関係もない。バレーボールのことをもっと知ってもらいたいだけだ!」と怒り始めた。

「そうやってあんたは言うけどね!」と、ぼくが言うと、「あんたとはなんだ!」と松平さん。

「ぼくはもうやってられないから辞める! だからあんたって呼んだんだ!」

「わかった。じゃ早く辞めろ!」

「よし、わかった。明日の朝出て行く!」

するとトレーナーの斉藤さんが、「まあまあ、どっちも少し落ち着いて」と言って間に入ってくれた。それからみんなで1時間くらい話し合った。その間、中村祐造さんは一言も口をきかなかった。途中で木村憲治が帰ってきて、バツが悪そうにロビーの椅子に座った。話し合いが終わると、祐造さんはさっさと自分の部屋に入っていった。それを見た大古が部屋まで追いかけていって、「けしかけたのはあんたじゃないか。キャプテンだろ。なんで何も言わないんだ！」と怒鳴り込んだ。

それから1週間くらい微妙な雰囲気だった。ぼくは尊敬する松平さんに食ってかかった一番大きな言い争いだった。事を荒立てないように、我慢に我慢を重ねているので、ぶち切れたときはいろんなことを言う。周りの目を気にしながら生活するというのは本当に疲れる。松平さんがテレビ局に行って番組を作ってもらったりして、奔走していることはみんなが理解していた。しかしみんな若く遊びたい盛りなので、あまり窮屈な生活が続くと我慢にも限界があった。

ミュンヘン後の会社にて

日本鋼管の社内スポーツでオリンピックに出たチーム競技は、野球、サッカー、バレーボール、バスケットの4競技だ。個人競技では陸上部の槍投げの選手や、水泳の福島滋や佐野和夫前水泳連盟会長も日本鋼管だ。日本鋼管は重工業の会社もあるので体育館の裏側にプールもあった。ミュンヘンオリンピックのバスケットには3人出場した。予選で敗退したが、会社からはバスケット選手もぼくらも10㎝くらいの金杯を1個もらっただけだった。いまと違ってお祝いの現金はなかった。いまはどこの企業でもメダルをとると現金がもらえる。日本鋼管は何でも均等にという考えの会社だった。新日鉄は社長賞が10万円だったそうだ。お金がすべてではないが、オリンピックで金メダルを獲るということは並大抵のことではないので、もう少し評価をあげてくれてもよかったと思う。日本鋼管ではいくら遅くまでバレーボールをしても、残業代やスポーツ給がつくわけではなかった。

番号	氏名	年齢／身長	出身校
1	白神　守	26／176	中央大
2	小泉　勲	25／183	中央大
3	浜田勝彦	25／180	中央大
4	三森泰明	24／185	中央大
5	栗田恒幹	23／182	岐阜西高
6	森田淳悟	23／194	日体大
7	今鷹悠治	23／174	中央大
8	大古誠司	22／194	東芝学園
9	小菅一雄	22／180	藤沢商高
10	沼倉慶一	20／196	祇園寺高
11	渡辺輝明	18／180	藤沢商高
12	佐藤清一	18／185	市川工高

第４回日本リーグ　日本鋼管メンバー

日本鋼管に入って2年目にミュンヘンがあった。それまでは庶務課でバレー中心の生活を送っていたが、オリンピックが終わって、身体だけではなく、精神的にも非常に疲れていたので、上司に「日本鋼管ではできるところまでバレーボールはがんばりますが、もう全日本には行きません。日の丸をつけることに疲れました」と宣言した。すると、「お前、本当にオリンピックにはいかないんだな」と庶務課の課長から念をおされた。

「森田くん、きみは生産管理部だよ」と言われたのが3月の配属発表のときだった。「えっ、そんな部署あったの」と言うのが聞いたときの感想だ。いろいろな研修を受けたが、ぼくが知らなかっただけで、実はこの生産管理部の生産管理課という部署は日本鋼管の中枢で、生産管理部の部長から社長になる人が多かった。この部署がないと工場が回っていかない。

配属が決まったとき、「森田、おめでとう」と、松平さんをはじめ、いろいろな人たちから電話がきた。日本鋼管の生産部と言えばエリートコース、幹部候補だった。バレー部の部長もぼくが入ったときは庶務部長だったが、そのあとの部長は生産管理部長だった。バレー部の部長は代々生産管理部の部長になっている。バレー部の部長から社長になった人が2人いた。生産部に異動になると朝8時には出社しなければならない。転属したころは5時まで仕事をして、その後、練習をしていたが、係長になると毎日残業だった。

当時の日本鋼管は9時から5時までは一般社員とともに仕事なので、たとえば前橋で3時から試合があると、朝の7時に上野に集合して日帰りで試合をした。地方で土、日に試合がある場合は、金曜日に現地入りして練習して、試合が終わるとすぐに帰ってきて、月曜日には通常通りの仕事となる。鉄鋼会社なので他の会社に比べ予算が固く、融通が利かなかったのでマネージャーの栗田と今鷹は大変だったと思う。

鉄をつくるには鉱石を入れ、それに石炭や鉄鉱石を入れる。するとガスが発生する。そのガスを自社で賄う分をそこから使う。この工程で事故が起きるとガスが供給できなくなる。するとガス会社からガスを買わなくてはいけなくなる。このようなこと全般を取り仕切る部署だった。ぼくがしていた仕事は、一番はじめにでる鉄の製銑をどのような割合にするのかを決定することだ。この割合には基準値があり、その基準値に近ければ近いほどいい鉄になる。1トンの鉄をつくろうと思えば、3トン、4トンの原料を使わないとつくれない。その値が基準値にあっていれば原料を追加しないで済む。数値が近いほど原料を使わない。こういったテストを工場長などと、「数値を検討してください」などと言いながらやりとりしていた。担当者を待っていたら仕事にならないので、一番下でも係長、話にならなければ工場長、部長までぼくが持って行く。生産課がいかないと会議がはじまらない。そういう部署だった。えらい部署だったが、忙しいのでふんぞり返る時間もなかった。

鉄というのは国内シェアが決まっている。当時、新日鉄（現・新日鉄住友）が一番多くて

38％、日本鋼管は二番目というような指示が通産省から来る。その割合をどのように生産するのか、石炭、鉄鉱石を輸入して、鉄鉱石の歩留まりを95％に押さえないと鉄ができない。それでも足らないと、新日鉄と鉄のやりとりをしたりする。生産管理課は元になる数字を作るので、非常にやり甲斐があった。

鉄づくりというのは、たとえば、まず鉄の固まりを圧延していく。洗濯機や車の鉄板をつくるときの薄い板状の鉄、これを薄板と言うが、大きな圧延（ストリップミル）が6機くらい並んでいる。そのロール1本が5億円する。それを月に何個も何個も取り替える。ロールを取り替えるためには機械を止めなくてはならない。機械を止めると生産が落ちる。「いつから止めるんだ？　止めるのなら増産しておけ。どのくらい増産するんだ？」と、このような数字のやりとりをする。止めるときは一週間くらい止める。「今度、こういう計画があります」と生産管理課に打診がくる。それを生産管理課で、「このくらいでどうですか」と工場長のところに持っていき、了承を得て実行する。

鉄の原料となる鉄鉱石をインドやオーストラリア、ブラジルなどから輸入して船で運んでくる。石炭はカナダやオーストラリア、ポーランドなどから輸入する。どのくらい輸入するのかから始まって、輸入した鉄鉱石や石炭を本社と会議をしながら、川崎製鉄には鉄鉱石を何トン、石炭を何トン、他のところにも何は何トンというように割り当てる。輸入する原料が順調に調達できればいいが、輸送の途中で嵐にあったりすると到着が遅れたりする。そうすると広島の福山工場から原料を回してもらうなどの調整をする。鉄鉱石のシェアも決まっていて一番が新日鉄、二番が日本鋼管、三番が川崎製鉄、住友金属、神戸製鋼と続いていく。これがいわゆる鉄鋼5社だ。当時の日本鋼管のシェアは17から18%だった。鉄鉱石をつくるときに全体の50%を新日鉄が持っていくとすると、日本鋼管が20%というように割当が決まっていた。基幹産業なのでつくりすぎると大変なことになる。そのための原料はどのくらい必要かを計算をしていく。

1972年のミュンヘンオリンピックが終わった翌年の4月から丸7年間、日本鋼管を辞めるまで生産課にいた。25歳から7年間である。仕事はきつく責任もあったが、自分のためにもなった。当時、いわゆる公害対策があった。工場が首都高速の羽田横浜線の沿線にあり、工場の稼働状況によっては煙がでる。それが公害になる。いまはないが、当時は羽横線を通ると、〝煙に注意〟と書いた看板があった。お風呂屋さんの煙突から出るような煙ではない。鉄鉱石の粉のようなものを丸めて、鉄の強度をだすために熱する。すると独特な煙がでる。川崎市役所から監視されていて、黄色い煙が出ると、その日のうちに工場長が呼ばれ、所長と一緒に謝りにいく。川崎では続けられなくなったので東京湾の扇島に埋立工場を造り、そこに工場を移した。千葉県の流山の山を崩して、その土をもってきて埋立地をつくり、そこに工場と高炉をつくった。福山には扇島よりもっと大きな世界一の工場と高炉ができて、当時はまるで映画でみる西部開拓史のようだった。

まだバレー部をやめていなかったので、5時から練習だったが、5時に間に合わないことが結構あった。5時から練習だと4時半には仕事場を抜けなければならない。しかし仕事があるので抜けられない。会議をしていて5時を過ぎるときは、係長に前もって自分の意見を伝えてから練習に行った。朝は9時始まりだが、9時になると所長がくる。前日の工場の値をチェックして、その日の予定を所長にあげなければならなかったので、8時には出勤していた。土、日が試合で、月曜朝一番のときは大変だった。

大古はミュンヘン後にサントリーに移ったが、日本鋼管には嶋岡がいた。彼は二つ下だったが、ぼくがレギュラーとチームを組んでいくためには、若い選手の練習量を落とすわけにいかない。だからといって、ぼくたちベテラン組の練習量だけ落とすとバランスが崩れるのでそれもできず、結局、若手と同じメニューをこなすしかなかった。監督には、「大変だけれど、若いやつらに負けないよう頑張ってくれ」と言われていた。そのため、練習や試合で、「疲れた」などとは決して言わなかった。

自分でバレーをやめたその後を考えて選んだ会社だったが、スポーツ環境が整った会社だったら、もう少し長くバレーを続けていられたのかもしれない。確か、旭化成との試合だったと思うが、朝まで飲んで試合をしたことがあった。当時は15点制だが、試合が終わってみてみるとぼくのブロックポイントが15本。ブロックだけで1セットとっていた。みんなが集まると、「森田さん、酒臭いですよ」と逃げてしまうくらい酒臭かった。普段もがんばっていたが、飲んだ翌日はリラックス効果もあったのかさらに集中していた。

嶋岡ははじめから洪板工程部にいた。鉄の板をながして自動車会社や電機会社などに配分していくのだが、その前までの工程をやっていた。工程とは営業と直に交渉する部署だった。鉄ができても工程がうまくいかないと、営業から文句を言われる。足りなくても

番号	氏名	年齢／身長	出身校
1	嶋岡健治	24／185	中央大
2	小泉　勲	28／183	中央大
3	浜田勝彦	28／180	中央大
4	三森泰明	27／185	中央大
5	樋下　昭	24／184	中央大
6	森田淳悟	26／194	日体大
7	今鷹悠治	26／174	中央大
8	幸　今朝徳	19／193	東芝学園
9	小菅一雄	25／178	藤沢商高
10	沼倉慶一	23／196	祇園寺高
11	渡辺輝明	22／179	藤沢商高
15	樋口恒幹	26／182	岐阜西工高

第７回日本リーグ　日本鋼管メンバー

文句を言われるし、多く作りすぎても在庫になってしまう。バレー部員は工程関係や庶務、労務で働いている者が多かった。バレーやバスケットは体育館があるので、夜も練習できた。しかしサッカーや野球はグラウンドに照明設備がなかったので昼間練習していたのでボーナスが違った。給料は、バレーの監督がつける成績と職場の課長、係長の成績と、人事評価で決まった。いまは基本給の何か月と言って交渉するが、当時は何か月ではなく、本給 × 普段の成績計数 × 要因1(一人前に仕事をしているかどうかの指数。半日だと要因は0・5)。「最高でも1・5以上はないぞ」と上司に言われていたが、ぼくは26歳くらいのときに1・8までいった。それだけ働いたってことだ。それにバレーの成績が若干加味さ

番号	氏名	年齢／身長	出身校
1	嶋岡健治	25／186	中央大
2	一柳　昇	23／171	日体大
3	小早川　啓	23／182	日体大
4	近藤登喜春	19／187	祇園寺高
5	樋下　昭	25／184	中央大
6	森田淳悟	27／194	日体大
7	西岡秀人	19／186	大商大附高
8	幸　今朝徳	20／193	東芝学園
9	阿部　裕	19／184	向の岡高
10	沼倉慶一	24／196	祇園寺高
11	渡辺輝明	23／179	藤沢商高
12	高橋千代男	19／191	祇園寺高

第8回日本リーグ　日本鋼管メンバー

れる。他社のバレー部は給料のときにバレー給が加算されるところもあったが、日本鋼管にはまったくそれがない。練習後の残業はついたが、朝8時に出社しても9時までは無給だった。仕事はぼくの能力以上のことをしていたので充実していた。月初めと月末は忙しかったが、それ以外は比較的時間があった。月の半ばは工場長と話す時間もあった。「今度、日本リーグがあるから応援お願いします」と頼むと、工場長は部下に伝え、みんなで応援しにきてくれた。そういう付き合いが仕事のなかであった。当時の日本鋼管の日本リーグのチケットはプラチナチケットだった。松下電器との一戦が始まる前には、東京体育館の周りをファンの列が3重になった。並んでくれた方々は大変だったと思う。引退する直前までベストコンディションで試合に臨んだことはなかったが、バレーでも仕事でも本当に充実していた。

日本鋼管では27歳のときからずっとキャプテンだった。大古はぼくと同じ歳だが、大卒であるぼくのほうが給料が多いのはわかっていた。ぼくが入社した2年後に嶋岡がはいってきたときに、「大古の前で給料の話はするなよ」と釘を刺しておいた。大古は給料の差がわかったときはしばらく落ち込んでいたが、大学を出ていないので仕方ない。日本鋼管は大学を卒業してから入ってくる選手が多いが、まとまったチームだった。高卒の選手も少しいたので、彼らを育てなくてはならない。当時のマネージャーに今鷹悠治というのがいた。中央大学のキャプテンをやった人物だ。お父さんが東京オリンピックの招致をしたり、日本バレーボール協会の副会長をしていた。入社がぼくと同期でしばらくプレーをしていたがマネージャーになった。それからは高卒の選手の面倒をよくみていた。チーム内では、大卒だから、高卒だからという差はつけないように心がけていた。全日本は大卒のほうが多かったが、バレーボール自体、実業団は大卒よりも高卒のほうが多かった。バレーボールをしていなかったらぼくの学力では日本鋼管には入れなかっただろう。誘ってもらった企業も、逆立ちしても入れない大企業ばかりだった。うまくバレーボールの実績を利用できてよかったといまでも思っている。

いまの選手が企業を選ぶときの考え方は理解できない。入社してすぐにプロ契約をする選手がいる。自分の家が商売でもしていて、現役を終えて故郷に帰れば、実家を継ぐというならいいが、資格も何もなくて、契約選手として一時的に同級生よりいい給料もらえても、いいのはそのときだけだ。そういう選手に、「バレー辞めた後どうするんだ?」と聞くと、「そこまで考えてません」というのが多い。バレーを辞めたら路頭に迷う。外国人選手のように給料がいいわけではない。日本鋼管もぼくが勤めているうちに景気が悪くなり、だんだん給料も下がってきたが、それでも鉄鋼は基幹産業なので当時の給料は他の業界よりよく、商社よりもよかった。

日本の場合、鉄鋼関係にバレーボールチームが多いのは、基幹産業で会社が安定していることと、福利厚生の先駆けだったからだ。保養所を造ったり、当時は野球も含め愛社精神を高めるためにも、社員みんなで自社企業の名前を言いながら応援するというのが主流だった。いまはみんなが集まって応援したり、企業チームにお金をかけるよりも給料をアップしたほうが喜ばれる。

学生のときはメキシコオリンピックで銀メダル、卒業して日本鋼管に入ってミュンヘンオリンピックで金メダルが獲れたのも、鉄鋼などの産業のおかげだ。そしてもうひとつは東京オリンピックの影響があげられる。確かに東京オリンピックまでもいろいろなスポーツがあったが、本当にスポーツが盛り上がったのは東京オリンピックの後だ。その流れがいままでも続いている。ぼくらがいまスポーツをしていられるのも１９６４年の東京オリンピックのおかげと言っても過言ではない。企業からみると３兆円、４兆円の経済効果がオリンピックにはある。ぼくらからみるとスポーツはさらに30年、40年先までの恩恵がある。まさにオリンピック様々だ。

確かに時代が変わってスポーツをするにもお金がかかる。２０２０年に開催される東京オリンピックをみると施設整備に莫大な費用がかかる。しかし、40年、50年先の減価償却を考えると、決して高い施設ではない。２０２０年以降もずっとスポーツが発展していくことを願っている。

２０１４年のロンドンオリンピックでは多くの子どもたちがグレートブリテン、ユニオンジャックの旗を振って、「ＧＢ！　ＧＢ！」と一生懸命に応援していた。そのなかから未来のオリンピック選手が生まれる。２０２０年の東京オリンピックもそういう大会にしなければならない。１９６４年の東京オリンピックでは実際にそういう面がでてきている。好景気と東京オリンピックでスポーツ界が盛り上がった。いい時代にバレーボールがやれたことに感謝している。

全日本に復帰

全日本は１９７２年に引退した。もう二度と日の丸をつけることはないと思っていた。しかし１９７７年の第2回のワールドカップが日本で開かれることになり、全日本の監督はミュンヘンのときにキャプテンだった中村祐造さんだ。「日本開催だからなんとか出てくれ」と中村祐造監督に頼まれ、断れずに復帰することにした。

日本開催で銀メダルを獲ったので復帰した甲斐はあった。全日本から5年離れての復帰だった。そのあとも「続けてくれ」と頼まれて、翌年のイタリアで開催された世界選手権に出場したが、コテンパンにやられて、予選リーグで敗退した。「日本開催のときだけにしておけばよかった」と思うときがある。

いまはバレーボールの大会もワールドカップがあり、世界選手権があり、オリンピックがあるところに、グランドチャンピオン大会ができた。グラチャンは視聴率が低いらしいが、日本テレビが自分たちもバレーボールの番組を持ちたいと言って作った大会なので、バレー人気が高まり、視聴率が回復することを願っている。ぼくらのころは、たくさんのファン会場を埋め尽くして応援してくれた。あのころは試合会場がどこも満席だった。スポーツのテレビ中継といえば野球かバレーボールという時代だった。

番号	氏名	年齢／身長	所属
1	丸山　孝	25／190	日本鋼管
2	猫田勝敏	34／179	専売広島
3	小田勝美	26／198	新日鉄
4	西本哲雄	27／190	専売広島
5	花輪晴彦	24／192	日本鋼管
6	小林美穂	25／188	日本鋼管
7	辻合真一郎	23／185	新日鉄
8	田中幹保	23／195	新日鉄
9	森田淳悟	30／194	日本鋼管
10	志水健一	24／176	松下電器
11	岩田　稔	20／197	新日鉄
12	嶋岡健治	28／185	日本鋼管
13	加藤　豊	23／196	日本鋼管
14	村上情次	21／190	専売広島
15	山田修司		富士フイルム

1978年世界選手権（イタリア）　全日本メンバー

JAPAN
9
JAPAN

JAPAN
9

日本鋼管を辞める

日本鋼管を辞める3年ぐらい前から、チームは弱くなっていった。7時まで練習をして、くたくたになりながら会社に戻って仕事をするという日々が続いた。しかし仕事は楽しかった。日本鋼管の中枢の部署ということは、すべてはそこから始まるわけだ。鉄は日本の基幹産業なので日本の経済状況がよく分かった。鉄を去年よりも多く生産しているということは、それだけ需要があるので、景気がよく、輸出も増えるということだ。

オリンピックが終わって、それからしばらく勝てなかったが、28歳くらいからまた勝ちはじめた。この年には全日本のセッターだった丸山孝とエーススパイカーだった小林美穂が入ってきた。小林のことは当時〝デブデブ〟と呼んでいた。メンバーが揃い、また勝てる時期がきた。

ぼくが30歳になったときに〝牛若丸〟なんて呼ばれた花輪晴彦が中央大学から入ってきたが、ぼくは28歳を越えあたりからベストコンディションで試合に臨んだことがなかった。いつも疲れていた。しかしキャプテンなのでそんなことは言っていられない。前橋の天皇杯のことだ。新日鉄との決勝で花輪ががんばってくれて、セットカウント3対1で優勝できた。

歓喜の優勝　胴上げされる森田

このときは本当にうれしかった。頭からタオルをかぶって泣いた。勝てなかった時代が長く、ぼくはキャプテンで責任感もあった。しかしその後は、いよいよ身体が言うことを聞いてくれなくなってきた。嶋岡などは敏感だからぼくの体調が悪いとすぐにわかった。心身ともに疲れていた。「潮時かな」とつぶやいたこともあった。でも「引退」という言葉はまだ脳裏に現れていなかった。

1981年の56年体制のとき、ぼくに何の相談もなく、部長が「森田はやる気がもうないみたいだ」という監督の話を鵜呑みにして、翌年度から戦力外になった。春高バレーの会場の体育館にいると、「森田さん、もう辞めるんですって？」と声をかけられた。「誰がそんなこと言った？　おれは何も言ってないし、何も聞いてない」。すぐに体育館から監督に電話をした。すると監督の歯切れが悪く、「部長が承諾したから……」と。

翌日、会社に行って監督に話すと、「もう森田はやってくれないと思った」と言う。「思ったっていうのは見込みの話で、普段、仕事でも見込みで話をしてはいけないといつも言ってるじゃないですか。どうして面と向かって確認してくれなかったんですか。そうすれば、もう少し違う話になったんじゃないですか？」と言った。そして、「あなた方が勝手に話を決めるんだったら、おれも勝手にしますよ。明日から出社しない」と啖呵を切ると、「それだけは待ってくれ」と監督が真っ青になった。「でもおれのことはいらないんでしょ？　おれはもう少しバレーに携わっていたいから、他のところでバレーやりますよ」と言うと、部長が、「来年度は体制が決まってしまったから、1年は我慢して再来年度からまたやってくれないか」ともう決まってしまっていることは覆せないと当たり前のように言った。「あー、おれも軽く見られてるな」と思ってがっかりした。

すると、その話が会社の重役に伝わり、副社長が電話をしてきた。「詳しい話は聞いてないが、森田がへそを曲げて会社を辞めると言ってるそうじゃないか」。「確かにへそを曲げてはいますが、『見込みはいけない』、『確認しろ』と常日頃言ってる人が自分の見込みで私を外したのだから、納得がいかない」とつっぱねた。すると、入れ替わり立ち替わり重役が話し合いをしたいと、毎晩銀座に誘われた。所長とも3、4回食事に行ったが、みんな後の祭り。「毎晩みなさんからひきとめてもらってありがたいけど、もう信用できないから戻る気はありません」そう断言し続けた。

監督と話して数日後に辞表を持っていくと、職場の課長が顔をまっ赤にして立ちつくしていた。横にいた仕事上の部長が、「とりあえず辞表はおれが預かっておく」と言ったが、それから一か月後に日本鋼管を去った。その一か月はお世話になった人たちのあいさつ回りだった。日本鋼管を辞めるときに、日体大から正式に帰ってこいと言う話があったわけではない。「中田監督の後をやってほしい」と言う話は酒の席ではあった。恩師の原田先生にも日体に行けと言われてはいた。まったく、当てがないわけではなかったが、日本鋼管には「母校から帰って来いという話がきてるから辞める」と話した。

32歳の3月から4月にかけての話だ。こういう事情で日本鋼管を去らなければならなかったのは淋しいかぎりだった。日本鋼管のバレーボール部に裏切られたのだ。女房にも迷惑をかけつらい生活になったが、子どももいるなかで二人で頑張ったことはいい社会勉強になった。

母校に帰る

日体大に研究助手として帰る

中田先生は事あるごとに誘ってくれたが、自分の頭のなかではずっと現役選手だったので日体に戻ることは考えていなかった。しかし日本鋼管をあのような形で退職してしまったので、中田先生に話をして、後輩の面倒をみようと1981（昭和56）年に母校に帰ることになった。だが、急な話だったので日体大も受け入れ体勢ができていなかったので、採用枠がなかった。そこで、1年間は日体大バレーボール部のコーチと言う肩書きではあったが、無給でのスタートだった。日本鋼管時代に買ったマンションのローンがかなり残っていたし、日本鋼管に勤めた期間が11年しかなかったので退職金もほとんどなかった。

翌、昭和57年にも教授会で審議されたが教員経験もなかったので、正式採用にはならなかった。オリンピックの強化選手への特別処置として設けられていた特別期限付き助手という枠があったので、オリンピックに出るわけではないが、金メダルを獲った実績からその枠を使いさらに翌年の58年にようやく日体大に採用された。しかしこれも正式採用ではなく、臨時採用だったので授業を教えることはできなかった。この年にバスケットの西尾末広と体操の具志堅幸二が一緒に採用された。一人なら簡単に決まっていたのかもしれないが、3人同時だったので時間がかかったのかもしれない。いまは、例えオリンピックのメダリストでも著書も教育歴もなければ、日体大に採用されることはない。

給料も日本鋼管時代の三分の一から四分の一になり、ボーナスもない。しかし幸運にも、この間の3年くらいは、日本鋼管という枠がとれたので、いろいろなところから講習会や講演会の依頼がきて、全国各地をとびまわった。昭和57年は年間600万円くらい稼いだが、子どもが二人いて、ローンも返済しながらの生活は楽ではなかった。女房はむかしで言う〝長屋のおかみさん〟ではないが、宝石や着物を売って急場をしのいでくれた。

長男が生まれて5年くらいは東中野にある小滝橋のマンションにいた。そのマンション

を売ったお金を頭金にして、大学の近くに家を建てたころから、ようやくまともな暮らしができるようになった。大学としても、健志台キャンパスをどういう方向にするのか、深沢キャンパスをどうするのかと教授会でいつも議題にのぼっていた。健志台にこれだけの土地があるのだから、最終的には健志台が本拠地になると思ったので、世田谷ではなく、健志台に家を建てた。

日体大には実習がある。スキー実習に行って、一晩中飲んで頭が痛くて実習に出られなくて、一日中部屋でレポート書かされた学生もいた。ぼくは学生のときに水泳実習に行っていないので、日体大に戻ってきたときに初めて水泳実習に行った。このときは海が荒れていて遠泳が中止になったので４㎞の遠泳の

希望者も1kmだけやった。ぼくは先導を任されたが、7月の2週目で、水温が20度くらいしかなかったので、早くあがりたいので一生懸命に泳いだ。岸が近くなってぼくが立つと、学生も立つ。するとと学生はまだ足がつかない。頭ひとつ違うので、先輩の先生に、「森田、まだ立つな!」と怒鳴られた。

それから3年間、特別期限付き助手をやった。給料は20万円もなかった。4年目に短大付属の助手になった。日体大には規程年数がある。助手3年、講師6年、助教授5年という段階があるが、助手を2年、講師が5年と1年ずつ縮めてくれた。日体大に来て3年目のことだ。日本鋼管のバレーボール部が廃部になってしまった。チームは弱くなっていたし、景気も悪くなっていたので仕方がなかっ

たが、廃部を知ったときは淋しかった。日体を卒業した選手を何人か日本鋼管に入れたいと思っていたが、その夢は叶わなかった。

日体の選手が日本鋼管の奨学金をもらっていたので、廃部前に本社の人事部長のところに行った。そのときの人事部長がぼくと机を並べていた人だった。「あのころは、こうして会うことになるなんて想像もつかなかったな」と言って笑い合った。

日体大の監督に

日体にきて7年で監督になったが、それまでも肩書きはコーチだが、監督に等しいことをしていた。ぼくが日体大にきたときは、中田先生の下にコーチで進藤満志夫先生がいた。「おまえがきたからって、進藤を抜かして監督にするわけにはいかないから、いったん進藤に預けるからしばらく進藤の下でやってくれ」と中田先生に言われた。この体制については、女子の監督だった宗内先生と中田先生、進藤先生とぼくの4人で決めたことだった。

中田先生が退いて、進藤先生が監督になった年は全日本インカレで優勝したが、次の年から勝てなくなった。「このままだと男子バレー部が衰退してしまう」と、宗内先生が心配して進藤先生とぼくの三人で話し合いを持つことになった。そして、宗内先生が、「森田に預けたらどうだ」と言うと、進藤先生が、「私も替わりたいと思っていた」と即答だった。練習やスカウティングもあまりうまくいっていなかったようだ。この時、よく宗内先生が話を切り出してくれたと思う。

ぼくが日体大にきたころのバレーボール部には、三橋栄三郎（1960年、青森県出身。弘前工業→日体大。富士フイルムで活躍）や蘇部幸志（1959年、宮城県出身。古川工業→日体大。富士フイルムで活躍。現在は宮城県の高校教師）という後の全日本の選手と刈谷好孝（高知商業）というセッターがいて強かった。蘇部が三橋の一つ上で、二人ともキャプテンを務めた。この年（昭和56年）は

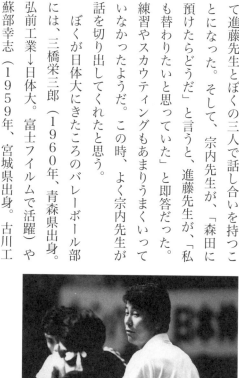

春夏インカレ優勝。翌年の57年には法政に負けて準優勝だった。三橋は非常に器用な選手だった。187㎝くらいしかなかったが、当時のミドルブロッカーというのはなんでもできた。オープントスも打てたし、クイックも打てるし、サーブレシーブもよかった。チームもまとまっていた。翌年には、後の全日本選手の川合俊一（1963年、東京都出身。明大中野→日体大。富士フイルムで活躍。現在、タレント、日本ビーチバレーボール連盟会長）や田中直樹（1962年、福岡県出身。直方高校→日体大。住友金属で活躍）が入ってきて一段と強くなった。川合と田中は1年からレギュラーで使った。超がつくスーパースター選手だった。二人とも高校の顧問が日体卒だったので、中田先生とタッグを組んでスカウトに行ったが、中田先生が行かないとOBだからといっても高校側はなかなか動いてはくれなかった。

ぼくが学生のころは中央大や日大が強かったが、このころは法政が一番のライバルだった。川合と田中は中央大に行く予定だった。それをぼくと中田先生で高校の顧問の先生にお願いして日体にきてもらった。中大バレーの関係者は、「日本鋼管があんな形で森田を辞めさせたから、いい選手がみんな森田のところ行ってしまう」とぼやいていた。ぼくにしてみれば、それみたことか、だ。中央と日本鋼管にはパイプがあって、いい選手がたくさん行っていた。でも中央にいい選手がいかなくなったから、日本鋼管も低迷していったのだ。このころは、ぼくが全権をもった監督ではなかったので仕方なかったが、川合や田中がいたころはもっと優勝できたと思うと少し残念だ。

　１９８５年に神戸で開かれたユニバーシアードでは、圧勝という感じではなかったが男女ともに優勝した。ぼくは男子チームのコーチだった。日体からは川合と田中直樹、法政大からは熊田康則（１９６３年、神奈川県出身。法政二高→法政大→富士フイルム）、大阪商大からは全日本の女子の監督している眞鍋政義（１９６３年、兵庫県出身。大阪商大高→大阪商大→新日鐵）と全日本の男子の監督の植田辰哉（１９６４年、香川県出身。大阪商大高→大阪商大→新日鐵）などが名を連ねた。

　女子は宗内先生が監督をしていた。日体大からは５人の女子選手が選ばれていた。宗内先生は、「フェイントでいってクイックは打

番号	氏名	出身・在学校	所属
1	岩田　稔	近畿大	新日鐵
2	米山一朋	法政大	富士フイルム
3	江原　正	順天堂大	新日鐵
4	田中直樹	日体大	住友金属
5	楠木孝二郎	大阪商大	新日鐵
6	川合俊一	日体大	富士フイルム
7	井上　謙	順天堂大	日本鋼管
8	熊田康則	法政大	富士フイルム
9	久保勝之	法政大	
10	真鍋政義	大阪商大	
11	海藤正樹	東海大	
12	植田辰哉	大阪商大	

監督	斎藤　勝	東海大	
コーチ	森田淳悟	日体大	
コーチ	御獄和也	富士フイルム	

番号	氏名	身長	所属
1	滝澤玲子	日体大	日本電装
2	後藤久子	天理大	
3	川北利香	筑波大	
4	友澤里美	日体大	
5	横田奈津子	日体大	
6	杉山明美	東海大	
7	佐藤伊知子	東北福祉大	
8	平本仁美	日体大	
9	廣　紀江	筑波大	
10	太田佳美	筑波大	
11	中野照子	青山学院大	
12	小西智佳子	日体大	

監督	宗内徳行	日体大	
コーチ	坂口憲政	嘉悦女子短大	

1985年ユニバーシアード（神戸）男女全日本メンバー

つな」という戦法を使った。試合前、審判に、「ここまではいいか、これはどうだ」と言って確認していた。ハンドボールみたいなバレーだった。ソ連の監督が、それに対して審判に抗議して相手にされないと、会場にいたバレーボール協会の役員だった松平さんに、「これどういうこと？ ハンドボール？ バスケットボール？」と訊いていた。

神戸のスタジアムは、宇宙戦艦のような天井の高いつくりだった。試合中、変化球サーブを打ってボールが上がったと思うと、そこにエアコンの風がきていた。ソ連チーム側のエアコンをきって、日本チーム側のエアコンの風だけ送る。するとボールが風にのるので〝エアコンサーブ〟と言っていた。コートチェンジすると、反対のエアコンにする。人間の背の高さに風がくるならわかってしまうが、高いところなのでソ連も分からない。サーブの球道が低いと、「もっと高く打て」と声をかけた。変化が少ないと風の角度も変えたりした。

そのころは卒業後に実業団でプレーする選手があまりいなかった。三橋や川合たちが卒業して、ぼくが監督になってからだんだん増えていった。教員採用数が減少傾向になっていたこともあり、レギュラーは実業団に行くようになり、それ以外は教員採用というように道が分かれていった。

ぼくが監督になったのは昭和62年からだ。そのころは、「勝ちたい、勝ちたい」という思いが強過ぎた。ぼくが日体にきた56～58年は9人制が強く、天皇杯で優勝していた。しかし高校時代はみんな6人制だ。いまでは考えられないが、20人くらいスポーツ推薦枠で取っていたうち、半分が6人制出身だった。スポーツ推薦と言っても、一般入試で試験を受け、学費も払った。特待生などというシステムはなかった。ぼくが卒業するあたりからスポーツ推薦制度ができた。20人というのは一番多いころだと思う。日体大全体で100人くらいが推薦で、そのうち20人がバレーだった。部活の強さで推薦の人数が変わった。

　川合が卒業したあともしばらく強かったが、他大学もかなり力をいれてくるようになった。平成に入ったあたりから東海大が頭角を現してきた。うちでは相原昇（東九州龍谷高校監督）、多田幹世（1969年、石川県出身。石川県立工業→日体大。豊田合成で

活躍）なんかがでてきて強くなってきたころだ。

平成に入るとまた勝てなくなってきた。泉川正幸（1971年、東京都出身。関東高校〈現・聖徳学園高校〉→日体大。東レなどで活躍。現在はトヨタ車体クインシーズ監督）が入ってきたのが平成元年。その年はいい成績があげられなかったが、平成2年になってリーグ戦で2位になったり、決勝に行ったりするようになった。12月の全日本インカレの前に恩師の中田監督が亡くなって、「絶対、インカレで優勝します」と弔辞を読み、有言実行となった。全日本インカレの決勝の相手は東海大だった。平成2年と4年にも泉川がエースで優勝しているが、平成2年は決勝が東海大、平成4年は法政大だった。

平成2年の決勝では、テレビの解説者が東海大のことばかり褒めていた。とくに1セット目はほとんど東海大の話だった。だんだん日体が調子をあげてきたら解説者の口が重たくなった。日体をしっかりと取材していなかったので褒める材料を持っていなかったんだと思う。下馬評をひっくり返せたのは、中田先生の恩に報いるという気持ちが一つになったからだ。この年は、秋のリーグはもう少しのところで優勝できなかった。多田は石川県の教員、相原は香川県の教員、マネージャーの岡崎も宮城県の古河商業の教員に決まっていた。彼らはものすごく悔しがり、リーグ戦の最後の日は夜を徹してミーティングをして、「次はなんとしても勝つぞ！　インカレで優勝するんだ！」と意気込んでいた。翌年もそこそこの力はあったので勝てる要素はあったが、多田や相原みたいに強引にチームをひっぱっていく選手が育たず、インカレは3位に終った。

平成4年は泉川をはじめセッターに原田稔もいて、戦力になる選手が多く、法政大の南兄弟を破って優勝できた。インカレの準決勝のとき、前日に泉川が全身痙攣を起こし、翌日の決勝は出場できないと思っていると、たまたま大阪の会場に日体のOGで、阪急の福本豊選手の整体をしていた米山富士子先生がいて、「私が診てみましょう」と、針を打ってくれた。その甲斐あって翌日には泉川は回復した。いまでも米山先生には大変感謝している。泉川の卒業後からだんだん戦力がにぶってきた。原因はいまだによくわからないが、それなりの選手が入ってこなくなった。たぶん、「日体大行くときついぞ」という話が一人歩きしたのではないかと思っている。これは日体大の他のクラブも同じだと思う。

教え子たち

平成5年の4年に、長瀬多喜男というシンデレラボーイがいた。長瀬はバレーの強豪高校ではない埼玉の所沢東高校から日体大をめざし、体育大学の予備校に行って一浪した。たまたまぼくがその予備校の会長とゴルフ仲間で顔見知りだった。会長から、「面白い子がいるから見てみないか？　１８８㎝くらいあってよく跳ねる」と電話がかかってきた。見に行くと本当に結構打つ。「これだけ打てるのなら、推薦でとりますよ」と推薦枠での入学となった。3年生くらいからメンバーにちょこちょこ入るようになり、4年では正レギュラーになった。長瀬が4年の時のユニバーシアードの12名のメンバーに東海のエースを選んだら、単位日数が足らないので授業にでると言って練習にこなかった。本大会にまでは間に合わせると言うが、エースが来ないと練習にならないばかりか、練習ゲームもできないので、「では来なくていい」と言って断った。東海のほうは、こちらが折れると思っていたらしい。そうは言っても、エースがいないとなると戦力が乏しくなってしまう。そこで急きょ長瀬を入れた。これが大化けしてユニバの日本代表のエースになった。そして１９９３年のユニバーシアード（バッファロー大会）で優勝した。その時のメダルはティファニーだった。まったくの無名選手だった長瀬が、文字通りシンデレラボーイになった。

帰国後、協会の専務理事だった松平さんに、「監督はティファニーのメダルを貰えないんですか」と言うと、「アメリカじゃおれが言っても通用しない」と笑っていた。濱野光之（順天堂大学監督）コーチの知り合いが金属商だったので、金メダルを小さいコイン型にしてくれた。それはぼくと女房のネックレスとなった。

平成6年はリーグ落ちを経験したきつい年だった。実力で2部に落ちたのはこの一回だけだ。リーグ戦の途中でマネージャーに、「このままだと2部に落ちるから、全員でミーティングをやれ」と伝えたが、やらなかった。「なぜやらないんだ」と翌日マネージャーに聞くと、「4年生が必要ないって言うんです」と言う。すると案の定最下位になった。「先生、どうしたらいいでしょう」と4年生が訊いて来たので、「知らないよ。おれはミーティグやれって言ったよな。自分たちがやらなくていいって判断したんだから、自分たちで考えろ」と突っぱねた。秋も2部リーグで2位となり昇格できず、翌年の春に1位になってようやく昇格できた。入れ替え戦がなかったので自動昇格だった。平成6年の春に最下位になって、秋に2位。翌年の7年の春に昇格して、秋は4位だった。

平成7年の4年生に、後に全日本入りする斎藤信治（1973年、宇都宮白楊高校出身。東レ・アローズで活躍）がいた。2m05㎝あってワールドカップにも出場した。ぼくがユニバーシアードの監督をやっているとき、サントリーで合宿をしていると全日本で監督をしていた大古が練習を見に来た。「おー、でかいのがいるな」と言うので、斎藤にスパイクを打たせると、ぼっこんぼっこん打ち込んだ。すると、大古が、「いいじゃないか。斎藤を貸してくれ」と言うので、「斎藤は、ユニバーシアードの正選手じゃなく、控えの13番目の選手だからいつでも貸せるよ」と言うと、「少し斎藤と話をさせてくれ」と言って監督室に連れていった。

監督室で大古とぼくと斎藤で話をしているのを、他の選手が気にしていた。話が終って、斎藤が迷っていたので、ぼくが、「お前はユニバーシアードの正選手じゃないし、技術的な面で不安なのかもしれないが、いい話だと思う」と言うと話が決まった。監督室を出た斎藤に、他の選手が、「どうだった?」と言って近づいてきた。斎藤は、「今日から部屋を替われって言われた」と狐につままれたようであった。

強化部会で、「わけのわからない選手を連れて来てもこまる、背が大きければいいってもんじゃないだろう」とある大学の監督が発言したそうだが、大古が、「いまから見込みのある選手を育てていかなければならない」と力説すると、みな納得したと言っていた。斎藤(愛称:ノブ)は、それからずっと全日本で活躍した。

ノブは県大会にも出られないような学校の出身だった。あるOBが東レを通じて、「森田さん、でかいのがいるんで見てくれないか」と連れてきた。レシーブを見ても仕方ないので、スパイクを打たせたら、それなりのスパイクは打っていた。しかし、球を拾いに行くときにのそのそと歩く。それを見ていた親父さんが「お前のためにみんなやってくれてるのに、のそのそボールを拾ってんじゃない」と怒っていた。親父さんはぼくと同じ歳で、190㎝くらいあった。ノブは練習するのがわかっているのに、短パンではなく、トレパンとジャージできていた。「お前、パンツはいてないのか」って言うと、「はい!」と元気よく返事したので、みんな大笑いした。仕方ないので、誰かに借りて着替えさせた。そういう少しのんびりしたところのある男だった。ぼくが見たときは、何も基本ができてなかった。だいたい基本運動がきらいだった。

2年生の後半からピンチの場面で出場するようになり、3月にハワイ大学に海外合宿に行ったときのことだ。ハワイに着いて練習をはじめると、ノブが「あっ、ホテルにシューズ忘れた！」と言う。そして、「先生、ホテルに戻ってシューズとってきます」と言うので、「そんなことしたら、また1時間かかるから裸足で走れ！」と言って怒った。すると、ばつが悪そうなカオをして、裸足でペタペタ走っていた。ハワイ大学のOBとの試合で、「斎藤か……、まあ使ってみようか」くらいの気持ちで使ってみたら、はじめからラリーに参加していた。ノブが打つと、ハワイの選手が驚いている。あののんびり屋のノブがサーブを打ったあとにフォワードにきてブロックをしている。俊敏な動きだった。ハワイでものすごく伸びてきた。このままなら十分に使える、そう思った。

ところが、帰国すると調子が悪い。「ノブよ、おまえどうした？　ハワイの勢いがなくなっちゃったね」と言うと、「はい」と返事をするので、「なんかハワイに忘れ物してきた？　取りに行ってもいいぞ」とからかった。それからは試合ごとにどんどん成長していった。他大学の監督から、「斎藤君はよくなったね。あんなに伸びるのは、どんな指導をしているのか教えてほしい」と訊かれたので、「ぼくの指導には愛があるからね」と答えた。実際、監督が選手に夢を与え、自らも夢を持つことは大切なことだ。

ノブには1本ミスしたら1本増やすという約束で、毎日ぼくがトスを上げていた。20本と決めているのに、なかなか終らないので、「いいかげんにしろ、おれだってくたびれる」と言いながら、50本以上やったこともあった。ミスもするが、本人もそれなりにミスをしないようにと心に言い聞かせているところがあった。ノブたちのころから、またもチーム状態に翳りが見えてきた。

東洋高校の出身で堀江賢司という男がいた。いま警視庁のSPになって大臣などの側で警護に当たっているので、テレビを見ていると時々大男が映る。素直な努力家だった。平成8年ころは選手層が薄くリーグ戦では4位が続いていた。大学のバレーボールというのは春秋とだいたい同順位のことが多い。堀江の代は、これという選手がいなかったので、入れ替え戦だけは逃れたいとの思いで、インカレを迎えていた。ぼくの息子（長男）もこのときのメンバーにいたが、OBが練習を見にくると、「森田さん、よくこのメンバーでがんばってますね」と言われた。

うまくいくときは何をやってもうまくいくが、悪いときというのは、信念がなければやっていけない。耐えていくしかない。監督もこのチームをどうしたいとか、この選手をどう伸ばしたいという夢を持つ。夢をもって目標を作って精進していくのが監督という仕事だ。選手を自分がひっぱってきてあこがれを持たせる。それがなければ監督業はできない。

山本隆弘という2m01㎝の長身サウスポーがいた。鳥取商業出身でポジションはオポジット。Vプレミアリーグのパナソニック・パンサーズに所属していた全日本選手だ。実は山本は日体大に来たくなかったが、高校の先生と父親に行けと言われてしぶしぶ日体大に来た。卒業を間近に控えたとき、山本に、「お前は日体以外に行っていたら、バレーボールはやっていたかもしれないけれど、バレーをやってる不良になっていたな。日体に来てきちんとバレーをやって、パナソニックに呼ばれて全日本に入れた。他の道を選んでいたら、こんな環境には進んでなかったな」と言ったことがある。すると山本が、「はい。その通りです」と答えた。彼も最終的には日体大に来てよかったと思ってくれていた。

平成20年には、佐藤弘樹と言う秋田の選手がいた。早稲田のOBから、「面倒見てくれないか」と頼まれた。この子は国体の秋田選抜でセカンドセッターに選ばれたが、秋田県の国体はすべて同じ高校のチームでやるというので、試合に出られなくなった。早稲田大学は全国大会に出ていないと推薦でとってくれない、日体大も同じだったが、日体の規程をみると、試合に出なくてもメンバーに選ばれていれば対象になったので、推薦でとった。

3年の前半までは下積みをしていたが、選手がいなかったこともあり、春のリーグ戦で試合に出した。しかし、肝心要のところでいいトスがあがらないし、意図するところにボールがいかなかった。優勝した中央が26セットとっていたのに対して日体も25セットとっていたが5位だった。勝負どころのセットがとれていないということだ。「2位、3位のチームよりも日体がセットを多くとっているのに勝てなかったっていう意味がわかるか」と訊くと、黙ったままじっと考えていた。すると、春のリーグが終わった翌日から一人で早く来て練習している。居残り練習もしている。何日続くかと思って見ているとずっとやっている。

秋のリーグがはじまって、スパイクが入りはじめた。練習後も一人で練習しているので下級生も練習していた。秋のリーグが終わるとセッター賞をとったので、「うちでお祝いしてやるから来い」と声をかけた。「お前のセッター賞は半分はおれのおかげだよな」と訊くと、「はい」とうれしそうに笑った。次のインカレもセッター賞をとったので、「今度のセッター賞は全部お前の力だな」と声をかけると、今度は自信にあふれた顔で、「はい」と胸を張った。

監督から総監督へ

いま山本健之監督と2人で男子バレーボール部を見ているが、年がら年中、ぼくが側にいてもダメで、信じて任せることも大切だ。山本は、ぼくの後を任せるためにＪＴを辞めたところをひっぱってきた。たまたまぼくはオリンピアンという実績があったので、正式採用されなくても生活ができたが、山本にはそれがない。ぼくのような思いはさせたくなかったので、受け入れ態勢を作ってから呼びたかった。少し時間がかかったが結果的にはうまくいってよかった。

日体大は、教育機関での指導経験がなければ採用されないので教員になるには厳しい大学だ。その当時、座学も含めて実技系の教員を全国公募したが、教授会でもめにもめた。「日体大の実技の先生を全国公募することはない」と言うのが反対派の意見だった。競技実績のある先生が退官して、次にきた先生に競技実績がないとき、学生がついてこないかもしれない。大学院を出るのが一番望ましいが、大学院に行くには時間がかかる。若い先生が日体大で活躍するにはどうすればよいかを相談していた当時の執行部の先生が、教員採用の資格についての改革をやってくれた。

そういう経緯があったから山本の採用には苦労した。平成20年に山本が入ってきて、1年間ぼくの下でコーチをして、21年にぼくが監督を退いた。体育館に座っていると眠くなって、コックリいくことがあった。体育館で眠くなると、ぱっと立ち上がって目をこらす。宗内先生も退官する前は、そんなことがあったので、「おれは絶対にならないぞ!」と思っていたが、同じようになった。そこで後任を早く見つけなければならないと思っていた。

山本がJTに籍があるうちに日体大の採用の相談してくるなら話もわかるが、JTに籍はない。日体の採用がなければ路頭に迷ってしまう。そんな経験はさせたくなかった。14教科15人が人事委員会を通り教授会で、5人が採用された。女子バレーボール部監督の根本研と山本の2人とも5人の中に入っていた。山本と根本の名前があったのでほっとしたが、「森田、なにやった？」と他の教授から冷やかされた。根本は大学院を出て助教として研究室に残っていたから採用されないことはないと思っていたが、山本にはなにもないので不安だった。

山本には前々から狙いをつけていた。都市対抗などのときに話をして、アプローチしていた。すると、ある日突然、「JTを辞めてきました」と言ってぼくのところにきた。自分のときも大変だったが、これはもっと大変だと思った。「日体大がダメだったらどうするんだ」と訊くと、「そんときはそんときです」とあっけらかんとしている。彼には大きな志があったのだと思う。「いいか、日体大というところは1回審査に落ちると2回目が受けられないんだぞ。それでおしまいで、来年また受けるというわけにいかないんだぞ」と言うと、「わかってます」と微笑むのだ。本当に通ってよかったと思っている。

ぼくはこれまでにもいろいろな監督の交代をみているが、いつまでも前監督が側で指示していてはだめだと思っている。心配なのはわかるが、それではチームが壊れる。ぼくは山本に任せたからには、何も言わなかった。困ったときは訊いてくる。任せるところは任せてやらないと、いつまで経ってもバトンタッチできない。

ユニバーシアードの監督時代

松平さんという人はオリンピックだろうが、世界選手権だろうが、どんな大会でもお土産の算段を考えていた。当時は外国に出ることが珍しかったのでいろいろな人からお土産を頼まれる。試合中にお土産の心配をされては困るので、大会が始まる前に選手に8割方お土産を済ませるように言い、試合に集中できるようにしていた。終わった後に足りないものがあればそれを買う。このスタイルをぼくも真似した。

ぼくが大学選抜やユニバーシアードのチームを持ったときが、学生は一番合宿をしたのではないだろうか。海外遠征もした。学生が強くならないとシニアが強くならない。それはいまも同じである。ユニバーシアードがイギリスで開催されたときは、シェフィールドからロンドンまで電車で3時間のところが会場だったので、試合前に観光をさせ、お土産の買い物をさせた。選手は滞在中、試合前に2回くらい出掛けていた。ぼくは3回行った。ＪＯＣ

の本部の人に、「よく出掛けますね」と言われた。本部がロビーにあるから、その前を通らないと外出できない。松平さん流に選手には、「お土産袋をぶら下げて帰ってくるな。それなりのバックを持っていってそのなかにお土産をいれて、練習から帰って来ましたって顔で帰ってこい」と話していた。日程表があって、監督は毎日それを提出しなければならない。1時間くらいしか練習の割当がないので、本部の人には見抜かれていた。「森田先生、また買い物ですか」と冷やかされた。

ユニバーシアードの監督はセフィールド、バッファロー、福岡、パルマと4回やった。最初のセフィールドが7位で、次のバッファローで優勝。そして福岡で11位で、最後のパルマが2位。自国開催は惨敗だった。福岡のときは勝てないのがわかっていたから、監督はやりたくなかったが、協会から、「お前がやらないなら他の人に頼むしかない」と言うのでひきうけた。学生の大会は、その年代によって選手層が違うので、大会前にだいたいの成績がわかる。

バッファローで優勝したときの中心の選手は日体大の泉川と法政の南（兄）で、日本のトップ選手だった。彼らとは試合の2日前に合流した。泉川とは気持ちが通じていたので、「練習と試合だけ一生懸命やれ。リラックスするところはリラックス。お前にいろいろなことは言わない。そのかわりやるときにやらなかったら怒るからな」と言っておいた。

はじめ協会は、泉川と南をユニバーシアードには出さないと言っていた。泉川と南はワールドカップにも全日本メンバーとして選ばれていた。当時、日本バレーボール協会の会長だった松平さんにぼくは、「ワールドカップが終わったらすぐに泉川と南をバッファローによこしてください」と頼んだ。それまでは11人の登録のところを9人でカナダなどを転戦していたが、この間、長瀬が泉川の穴をよく埋めてくれた。チームにはファミリー的な繋がりができていた。

パルマ島はサウジアラビアの王様が避暑にくるようなところで、海岸にいると若い女性がトップレスで歩いている。若い選手は振り返って見るが、ぼくは見て見ぬふりだ。そんな連中が、波乗りボードを持ってロビーからでてくる。「森田先生、ちゃんと注意してください」と本部から言われた。選手団は遊びに来ているわけではない、他の選手たちに遊び心がつくと困ると言うのだ。「練習との区別ができるなら遊んでもいいが、波乗りボードをもって本部前を通るな」と釘を刺した。バレーの女子はプールにも入ってはいけないと言われているのに、男子が波乗りボードはさすがにまずい。

〝プラハの春〟で松平さんが急場を乗り越えるためにとった行動は、ぼくが監督になったときのお手本だった。いまは突然、遠征地が戦場になるようなことはないだろうが、なにかあったときのために費用をプールしていた。遠征時に企業から餞別をもらっても、遠征の最後にみんなで食事して使い切るようなことはしなかった。ユニバーシアードでロンドンに行ったときに一日休みがあった。買い物でもしてのんびりしようと思っていたら、朝、いきなり通訳が電話をしてきて、「今日、試合があります。中国との対戦が入ってます」と言う。慌てて選手村へ行って、試合があることを伝えても、みんな休みだと思ってくつろいでいたので試合をするムードではなかった。そこで、「勝ったら小遣いをやるぞ」と言うと、「一人いくらですか？」と訊くので、「大金だ」と言うと、選手の目の色が変わって大いに士気が高まった。試合には負けてしまったので選手はみながっかりした。試合に負けてがっかりしたのではなく、小遣いが入らないのでがっかりしたのだ。結局、このときは使わなかったが大会後に小遣いをやった。このような使い道もあった。

このようなことをやりながらもユニバーシアードで金メダル、銀メダルととらせたこともできたので、いい時代に監督ができたと思う。

ドリームチームで各地を回る

ぼくが初めてオリンピックに出たのが、１９６８年のメキシコ大会で、当時は東京オリンピックで女子が金メダルを獲ったのでバレーボール人気が盛り上がっていた。〝東洋の魔女〟の影響でお母さんたちがバレーボールをやり始めて、そのお母さんについていった子どもたちがバレーボールを始めていた。この〝東洋の魔女〟の影響はいまの時代にもつながっている。2020年に東京で2回目のオリンピックが開催されるが、そこで終わりではなく、2回目の東京オリンピックも30年、40年先まで必ず語り継がれる。この機会にバレーボール界もやるべきことをきちんとやって、国民にバレーボールの素晴らしさ、おもしろさを伝えていかなければならない。

ぼくはいま、ママさんバレーの指導に『ドリームチーム』を作って全国を回っている。オリンピックで活躍した選手12人でチームを組んでバレー教室を開くのだ。今年で11年目になるが1年に10ケ所回っている。ぼくと大古は年に5回ずつ参加している。1個所を2日間。1日目の午後2時ごろから指導者クリニック、2日目はバレー教室だ。一緒に指導するのは、プレミアリーグで久光製薬の監督をしている中田久美やタレントの大林素子、嘉悦大学女子バレーボール部の監督のヨーコ・ゼッターランド、丸山由美（旧姓・江上）など全日本で活躍した往年の名選手だ。男子では、タレントで日本ビーチバレーボール連盟会長の川合俊一などもたまに顔を出す。2013年に80歳で亡くなられたが、お元気なころは河西昌枝（〝東洋の魔女〟の主将）さんがいつも先頭に立っていた。午後からは地元のチームや選抜リームと15点制のゲームを2セットずつ2試合やる。

この教室は大好評で、開催県の副知事などもあいさつにくる。クリニックのときにはいろいろな質問が出てくるので、エージェントの担当が質問事項を聞いて、ぼくのところに持ってくる。「どうしたら強くなりますか」「フォーメーションを教えてください」「熟練組と初心者組はどういう練習をしたらいいですか」など、いわゆるママさんバレーの悩みが中心だ。質問者のなかには小学校や中学校の指導者もいる。その質問事項を5年くらい前からとってあり、結構なボリュームになったのでQ＆Aを1冊の本にしようと思っている。

また、宝くじ協会が主催するママさんバレーの講習会で延岡に行ったことがある。これは、学生時代に旭化成の監督をしていた船戸さんが役員をしていた関係で、ぼくを呼んでくれたものだ。久しぶりの再会で話が弾んだ。そのとき船戸さんが、「おれな、きみのお父さんのところに話に行ったんだ。森田くんを預けてくれって。結局、縁がなかったけど、おれはいろいろな人間のスカウトをしたけど、断りの手紙をきちんと書いてよこしたのはお前だけだ」と言われた。「何回も足を運んでくれたから、お礼状だけは一筆書いておけと父に言われたので出しましたが、みんなはお礼の手紙を書かないんですか？」と聞くと、「手紙をくれたやつなんか、誰もいないよ」と言っていた。

父とバレーボール

昨年、姉（長女）が他界し、四十九日の法要に行ったときに、二番目の姉の夫が、「以前、鳥取の空港で松平さんに会ったことがある」と言う。義兄があいさつに行くと松平さんから、「どちらさまでしょうか？」と訊かれ、「森田淳悟の義兄です」と答えると、「そうですか。実は森田くんのお父さんにご相談をしに行ったことがあるんですよ」と松平さんが言ったそうだ。ぼくが全日本のレギュラーに定着し始めたころだ。松平さんから、「お前がバレーボールを続けていく上で、一番説得してもらいたい人は誰だ？」と訊かれたので、「父です」と答えた。スポーツをやっていれば、普通は一番の理解者が親であろう。松平さんは不思議そうに「どうしてだ」と訊いてきた。「父は仕事一辺倒の人で、スポーツを観るのは好きなんですが、ぼくのやっているバレーボールをあまり理解していないんです」と言うと、松平さんは納得したようで「ああ、そうか」とうなづいていた。そこで、松平さんが父の会社に行き、父と話したという。ぼくが大学2年のころの話だ。

この話を義兄から聞き及び、そんなことがあったことをぼくは初めて知った。松平さんは父に、「私を信じて、息子さんをあずけて欲しい」と言ったそうだ。後日、父から相談を受けた義兄は、父に、「松平さんがそこまで言ってくださるなら、思い切ってあずけた方がいいんじゃないですか」と言ったそうだ。

その後、父が東北の出張先で〝東洋の魔女〟の映画を観たらしく、帰って来て、「お前がやっているバレーというのは、〝東洋の魔女〟みたいなバレーか」と訊かれたので、「〝東洋の魔女〟もすごいけど、ぼくらのやっているバレーはあれよりもっとすごいよ」と答えた。それ以来、父とバレーについて話すことはなかったが、それからは何回か試合を観に来てくれるようになった。ミュンヘンオリンピックに出発するときは、空港まで見送りに来てくれた。

当時、ぼくの家は東京の狛江市にあった。ミュンヘンから帰ると、父から「狛江の役場から、ちょっと顔を出してくれないかと言ってきているんだが、行ってきてくれないか」と頼まれた。「何言ってんだよ。行く前は何もしないくせに。金メダル獲ったら声をかけてくるなんて。そんなの一番イヤだよ」と答えると、「でも、この町に住んでいるんだから、お前、ちょっと顔を出してやれよ」と言うので、渋々役場を訪れた。役場からは講演を依頼されたので、「おかげさまで金メダルを獲ることができました。しかし、狛江市は行くときは何もしてくれないで、金メダルを獲って帰ると、何とかお願いしますとは、なんとも虫のいい話ですよね。今後は狛江のスポーツの発展のためにも、世界で活躍する選手を激励する方法を考えてください」と皮肉を込めて話をしてきた。

佐藤哲雄は福島県の相馬市出身だが、メキシコやミュンヘンに行くときに、町中が激励してくれたと言っていた。帰国後も盛大な慰労会を開いてくれたと言う。これが日本人としての一般的な気持ちの表れだと思うのだが……。

亡くなった女房のこと

2004年に女房（マリ子）が癌で57歳という若さでこの世を去った。女房には苦労ばかりかけて、楽な暮らしを少ししか味わわせてやれなかったことが悔やまれてならない。子離れしてやっとこれからというときだった。

亡くなった女房とは30年一緒に過ごした。ミュンヘンオリンピックが終わった後、すぐに結婚した。女房はあまり病気もしなかったので、ずっと一緒に過ごせるものだと思っていた。しかし、結婚して27年が経ったときに、突然、胃ガンと宣告された。ガン家系でもないのにガン宣告されたとき、女房は目がつりあがるくらいショックをうけていた。早期だというのですぐに手術をしたが、3年目に再発してしまった。

ミュンヘンが終わったときが25歳。それから7年間の選手生活だったが、選手の女房として実によく面倒を見てくれた。料理がうまくて、栄養管理もしてくれたし、物知りだったので心から尊敬できる女房だった。決して教育ママではなかったが、ぼくに負担をかけないよう二人の息子の母として、子育ても一生懸命してくれた。

　女房の実家は印刷業をしていて、商人の娘だったので、お金のやりくりもきちんとしていた。亡くなってから知らない貯金がでてきたり、保険や子どもの分の貯金まであった。若いころも、どこからお金がでてくるのかと思っていたくらいだ。ぼくが、「車買いたいな」と頼むと「いいわよ」と言ってすぐにお金を出してくれた。バレーボール選手と言っても、一般の社員と給料は変わらない。心配だったのは、日本鋼管を辞めたときだ。家の

ローンもあったし、日体大の給料もなかった。女房は口には出さなかったが、このときばかりは辛かったようだ。結婚前に持ってきた宝石などを売ったりしていた。そういうのを見て、「ほんとうに申し訳ない」と思っていた。

日本鋼管の現役のときに子どもができた。27歳で長男（繁生）、31歳で二男（泰生）が生まれた。日本鋼管を辞めたときは、長男が小学校にあがるときだった。「さあ、これからお金かかる」というときの退社だったので、女房にはしんどい思いをさせた。なんとか乗り切れたのは女房のおかげだと思っている。

日体大で給料をもらえるようになり、生活も落ち着いてきたので、横浜の日体大の近くに家を買った。長男が小学校6年のときだった。女房は中学受験を考えていたようで、都内の有名な付属中学の願書をぼくが朝の4時に並んで貰ってきたりした。横浜にきてしばらくしてから、女房はバレー部の合宿所の賄いさんの手伝いをするようになった。その女房が一度だけ泣きながらぼくに文句を言ったことがあった。一軍が黒鷲(黒鷲旗全日本男女選抜バレーボール大会）に行って、9人制が残ったときだ。女房は普段通りにおかずを作ったが、9人制のある学生が、「なんだ、一軍がいないとこんな程度の飯か」と言ったそうだ。「6人制とか、9人制とか関係なく、手なんか抜かずに一生懸命作っているのに、そんなこと言われてすごく悔しい……」と。女房の悔し涙を見たのは、これが最初で最後だった。どういう意図でそんなことを言うのか理由はわからない。長いことやっているといろいろな学生がいる。合宿所の食事はつい最近まで650円だった。以前も、「650円も払ってこんな飯か」と文句を言う学生がいた。

女房は、いろいろな面で勘が働く人だった。「あの子最近、おかしいわよ」と言う話はしょっちゅう聞いていた。過去に部費を横領した子がいた。ある程度は回収できたが、「あの子、学生の身なりじゃない」と見抜いていた。また、ある時は「あの子、練習から帰ってきても元気がない」と言う話を女房から聞いて、学生にすぐ話を聞くと、女房がぼくに言いつけたと言われてしまうので、一時、間をおいてからマネージャーやキャプテンに確認したこともあった。子どもたちの精神的な面をフォローするのにすごく助かった。

学生は監督の奥さんというよりも、〝特別なおばさん〟といった感覚なので、女房に身の上相談をしていた。下級生が上級生の相談をしたりしていたので、合宿所で起きているさまざまな問題も手に取るようにわかった。部員が髪を染めてきたというので、すぐに飛んで行って髪を切った。また、ある学生がいつもは「ただいま」と元気に帰ってくるのに、「ここ二、三日は下を向いて帰ってくる。何かあったんじゃない」と教えてくれた。

現在の日体大男子バレーボール部の山本監督は、ちょうど女房が賄いをしている時代に学生だった。「悪いことしてこそこそ帰ってきたときなんか、奥さんが厨房で食事をつくっていて出てこないと、やった〜って、ガッツポーズしながら部屋に帰った」と告白する。さらに、山本先生は、「チャーハンが美味しいから上級生が全部食べちゃって、下級生までまわってこない。すると、奥さんが上級生がいないときにこっそり下級生の分を作ってくれた。腹減ったって帰ってくると、5分くらいで作ってくれた。とにかく料理が早くておいしかった」と女房との思い出を話してくれた。

女房には、いろいろな面で迷惑をかけた。はじめのころは合宿所生活と言っても、部員を家へ呼んで飯を食べさせていたので、当時は学生の食事代に月に7万円くらいかかった。それは全部うちの持ち出しだった。賄いの手伝いは長い間やっていた。本職の賄いさんが来てからも話し相手になったり、なってもらったりして、毎日が楽しそうだった。

女房と知り合ったのは、大学3年の終わりのときだ。女房が東京体育館に天皇杯の観戦にきていた。日体が負けてしまったので、次の日、ぼくは試合を見に行った。メキシコオリンピックの仲間たちと休憩のときに喫茶店に行った。そのときある女性に、「オリンピック選手が喫茶店でたむろしているなんて、想像できない」といきなり文句を言われた。それが女房と交わした初めての会話だ。全日本の、しかもオリンピック選手だから摂生していると思っていたようだ。そのときはタバコも吸っていたので不良だと思ったらしく、相当ショックを受けたらしい。

女房は、お嬢さんバレーだが、日本女子大時代に少しバレーボールをやっていた。3年の終わりから付き合いはじめて、毎試合、応援に来てくれるようになった。卒業して1年くらいまではグループで応援に来ていた。婚約期間が一年半くらいあったが、ミュンヘンオリンピックがあったので、終わるまでは結婚できなかった。女房のお父さんもスポーツ選手だったそうで、はじめはスポーツ選手などと娘が付き合うなんてと、ぼくを警戒していたようだった。会って話していくうちに、認めてくれるようになった。

女房は、部員の父兄とも話をして、よく部をまとめてくれた。女房がいなかったら父母会はできなかった。森田淳悟後援会の集まりで、バレー部の父親が、「高校にも父母会はあるんだから、先生、日体大のバレー部にも父母会をつくりましょう」と言ってくれた。それからは、毎年、父母会が中心になり、新入生の父母に歓迎会のときにバレー部の話をしてくれたりしている。女房のところには苦情もたくさん来ていた。しかし親からの苦情はぼくには話さなかった。賄いの手助けや、父母会のことも含めてぼくのためになろうという思いが強かったのだと思う。ほんとうにありがたかった。

女房とは同じ歳だが、学年はひとつ下だ。3月25日生まれだったが、女の子だから親がひとつ下の学年にしたのだろう。

2003年、ぼくがバレーボールの殿堂入りしたときに、表彰を受けるために一緒にアメリカに行った。その時にはすでに癌がかなり進行していたので、殿堂入りの式典にあわせて体調を整えてはいたが、ニューヨークについてもすぐに横になっていた。ドクターに訊かれたときも、女房は、「大丈夫ですよ」と笑っていたが、だいぶ辛かったのだと思う。

ぼくは、前から一度は女房をナイアガラの滝に連れて行きたいと思っていた。ニューヨークの帰りにナイアガラにつれて行くと、「すごい！」と言って興奮していた。女房は、普段はあまり感情を表に出さない。雨合羽を着て、ビーチサンダルを履いて、船で乳白色の滝の側まで行った。これが女房との最後の旅になった。

子離れして、さあこれから二人で色々楽しもうというときだった。翌年、２００４年の

松平夫妻と森田夫妻

殿堂入りのスピーチ

4月に女房はぼくを残して逝ってしまった。あれから、もう11年になる。

子どもたち

長男（繁生）がバレーボールを始めたのは高校に入ってからだ。女房が家の近くのママさんバレーのチームに入っていたので、連れて行って一緒にやっていた。ぼくの影響もあるのだろうが、家の近くの高校のバレーボール部に入ったので、何回か試合を観に行った。一生懸命やっていたが、長男も二男ももう少し身長が伸びると思ったが、残念ながら二人とも185㎝でとまってしまったので、バレーボール選手としては少し小さかった。長男には、高校受験のとき、「バレーボールをやるんだったら、知り合いに訊いてやる」と言ったが、「友だちと一緒に近くの高校に行きたい」と自分で選んだ高校に行った。

二男（泰生）は、東京のバレーの強い高校でやりたいと言うので、東洋高校に入った。レギュラーにはなれなかったが、何試合か出してもらい、3年のときにはインターハイで3位になった。どこに行っても〝森田淳悟の息子〟と見られるので、「おまえらは、おまえらだからな」とずっと言ってきた。いま二人とも教員として指導者になったが、いまだに〝森田淳悟の息子〟というレッテルはとれていないらしい。

大学を選ぶにあたり、他の大学も候補に入れていたが、二人とも体育の先生になりたいという希望があったので、日体大に入り、クラブもバレー部に所属した。もしかしたら、親の背中を甘く見ていたのかもしれない……。大学まで家から10分くらいだが、先輩たちに世話をしてもらえるように、二人とも合宿所に入れた。監督の息子という特別扱いはなかったらしい。みんなと同じようにいじめられて、怒られたという。

女房は、「二男はお金貰うときしか帰ってこない。たった10分なのに……」と嘆いていた。

大学でも、もう少しがんばればレギュラーになれるところまで二人ともいきながら、実績がなかったので、ぼくが無理矢理レギュラーに入れることはできない。他の選手と同等なら、他の選手を使う。明らかに息子の方が実力が上だと誰もが認めないと試合には使えない。あまりにも息子を使わないので、長男が3年生のときにレギュラーが気を使って、ぼくにメンバーチェンジを催促してきたこともあった。

長男は日体大で非常勤講師をやっていた時期がある。学生によく、「森田先生って、森田先生の子ども?」と聞かれたと言っていた。二男も卒業すると期限付き助手で日体に残った。ぼくが日本バレーボール協会の男子の強化委員長になって、なかなかバレー部が見られなくなったので、二男に日体大の監督をやらせていた。ちょうどそのときに〝不祥事〟(※日体大のバレー部員がインカレの組み合わせ抽選の際に不正工作をした。この責任を取り、ぼくは男子強化委員長と理事職、日本代表総監督を辞職。男女バレー部の活動を自粛する事態になった）が起きてしまった。2003年のことで、二男が関与していたわけではなかったが、責任者としてマスコミで騒がれるようなことはなく助かった。二男はほんとうに間が悪かった。ぼくが二男に手をあげたのは1回だけだ。長男には何かにつけてげんこつをしていた。ぼくのげんこつは高いところから打って止めるので効きめがあるらしい。

長男は卒業して大学に残って非常勤で頑張っていれば専任になれるかと思っていたが、縁あって神奈川県の私立高校に行って先生業とバレーボール部の監督をしている。赴任したころは部員が少なく、試合が組めるか組めないかだった。そんなチームが、2014年に神奈川県の私学大会で優勝した。毎年、夏に長野県北部の飯山市で森田杯というのを作って試合をしている。今年で20回目になるが、そこに2013年から長男がチームを連れて来るようになり、Bグループの1位になった。そこから火がついた。たまたま神奈川県のJOCの中学大会の控えの選手が入部したことで戦力が上向きになっていたので、これから強くなると思っていると、神奈川県の春高大会の予選でベスト8になった。

女房もそれほど細かい方ではなかったが、長男は細かい。誰に似たのかいろいろなことに気がつく。高校に勤めるようになってからもしばらくは家から通っていた。1時間半くらい通勤にかかる。「部活が終わって帰ってくるといつもくたくたになっていた」と女房が心配していた。専任になる1年くらい前に、そろそろ本腰をいれないと学校も本気になってくれないと、小田原に移り住んだ。学校はそういう姿勢も見ているので、これからも背伸びしないでがんばってほしい。

二男は埼玉県の私立高校にお世話になっている。二男もバレー部の監督をしているが、勤務するにあたり、「バレー部で関東大会行くとか、全国大会行くとか絶対に言っちゃいけない」と話をした。勤務校の父兄に、「バレーボールをやらせるために学校に入れたんじゃありません」と言われるだろうからと。いまも勤務校の体育科には日体大の卒業生がたくさんいて、野球部は甲子園にも出ているし、事務局長は卓球の名選手だった。文武両道の学校だが、やはり文のイメージが強い。

二男のチームは夏の日体大カップに呼んでいた。実績がないので選手を集めたくても集められない。部員が全部で9人くらいしかいない。来ると3泊4日の間、ボールをずっと回さなくてはならないので子どもたちは疲れ果てていた。しかし、最初は10点も取れないのが、15点くらい取れるようになる。高校生は急に成長する。日に日にうまくなっていく。高校生というのはそういう楽しみがある。

長男はすぐ頼ってくる。何かにつけてぼくの力を借りようとする。二男はそれがいやらしい。「兄貴はお父さんを頼りにしすぎる」と女房に言っていたらしい。二男は、ほんとうに困ったときだけ連絡してくる。あるとき、「生徒が怪我をして困ってる」と電話かかってきた。「足が逆の方向向いちゃってる。どこかいい医者を知らない？」と。そこで医者を紹介して、すぐに手術をして、次の日、他の病院へ移すようにアドバイスをした。

いまの女房

いまの女房（和子）はバレーボールが大好きで、男子の実業団の試合を数多く観ていた。ぼくが会場で彼女を見るようになったのは引退の10年くらい前からだと思うが、もっと前から男子のバレーを応援していたという。女房は高校時代から夏休みを使って、NKKや富士フイルムの練習を観に行ったりしていた。女房が18歳のときに長岡でやった日本リーグを観に行ったときの話だ。寒い中、前日から並んでいたので、会場の係の人に、「寒いから中に入りなさい」と会場内に入れてもらったこともあったと言っていた。

いつも試合を観にきていたので、ぼくは試合場で女房をよく見かけていた。2002年だったと思うが、大阪でインカレがあり、大阪の中学選抜とミュンヘン組がエキシビジョンで試合をしたときにも観にきていた。その後のVリーグで、「また来てるな」とたまたま声かけた。そして試合が終わると「明日もまたきます」とうれしそうに声をかけてきた。

女房が亡くなり数年後、食事をする機会があった。それから会う回数が増え、縁あって、2011年に結婚した。ぼくも再婚したら父のように子どもたちと疎遠になるのかと思っていたが、父と違うのは、息子たちはもう成人していたし、息子たちの世話をしてもらうために再婚したわけではないということだ。息子たちが、「再婚相手もお墓に一緒にはいるのか」と訊くので、「当たり前だ。お墓のなかで両手に花だ」と言うと、息子たちは呆れていた。

ぼくはよく大古や植田に、「奥さんに向かってよくあんなことが言える」と言われる。女房に、「おまえ、ふざけんじゃねえよ」などと言うためらしい。大古や植田は、「妻にむかってそんなこととても言えない」と言うが、それが普通だと思ってるので、ぼくはまったく意に介さない。

いまの女房も賄いの手伝いなどをしてくれている。やはりいまの女房にも〝おんなの勘〟というのはあるようだ。いまの女房は免許とってから29年間、ペーパードライバーで一度も運転したことがなかった。しかし合宿所の手伝いをしてもらうためには車がないと話にならない。そこで5日間くらい教習所に通った。たまたま知り合いの教習所で、女房の車がプリウスだったので、プリウスで教習してくれた。この間ぼくがプリウスを運転していて駐車違反でつかまった。通知がきて女房が行ってくれるのかと思いきや「あなたがやったんだから、あなたが行ってね」と言われた。当たり前だが、そういうところはきっちりしている。いまはぼくより車庫入れがうまい。どんな人でも内助の功がないと仕事もうまくいかない。とくにスポーツ界はしかりである。

ミュンヘンの会

2014年9月に帯広で『ミュンヘンの会』をやった。この会は、ミュンヘンオリンピックのメンバーが集まって毎年やっているが、淋しいことにだんだん欠席者が増えてきた。松平さんがいるときは全員絶対参加で、大古なんか〝いの一番〟に参加していた。いまは病人や故障者も増えて、むかしの栄光の姿はない。以前はこの会もぼくがすべて手配していたが、木村憲治さんが、「森田ばかりじゃ大変だから、持ち回りにしよう」と言ってくれた。次回は大古の番だが、「もう、やめにしようか」と言って笑っていた。大古はいま、地元のママさんバレーのコーチをしている。

横田と大古は、むかしから本気とも冗談ともわからないけんかばかりしていたが、横田の奥さんは大古が紹介して結婚した。旭川で合宿しているとき、大古が一人でスナックに飲みに行った。そこにいた女の子が横田に向いていると、大古は直感したらしい。それで横田を連れてそのスナックに飲み行き、二人を引き合わせて結婚までもっていった。大古はめんどくさがり屋だけど、そういうことはやる。「大古も人を見る目があるんだな」と思ったものだ。

大古には一途なところがあって、こうだと思ったらとことんやる。「松平さんのためだったら、なんでもやる」と決めたからには何でもやった。全日本の監督も松平さんに、「大古、全日本の監督をやれ」と言われたので、ずっとやっていたが、松平さんが会長を降りると、大古も全日本の監督を辞めてしまった。このときばかりは、オリンピック予選の真っ最中だったので、多方面から批判をあびた。「おれは松平さんが辞めたから辞めたわけじゃない」と言っていたが、真意はわからない。

大古はお米を食べないとダメなタイプだった。はじめて全日本に入って海外遠征にいくときにスーツケースのなかに、缶詰のごはんを入れていた。当時18kg制限だったので、飛行機の荷物検査で重量オーバーになった。すると松平さんが、「何が入ってるんだ」と大古に聞くと、「ご飯の缶詰です」と答えた。松平さんが一喝した。「これから世界を相手に戦いにいくやつが、米粒がないと力がはいらないなんてあまっちょろいことを言っているんじゃない。全部おいて行け」。そう言われて、大古は渋々全部置いていった。

あのころは旧東欧の遠征が多く、満足に夜食もでてこないことが多かった。そのため、チームはインスタントラーメンを持っていった。現地で鍋を借りて、卵ぐらいは調達できたので卵を入れて食べていた。10食くらいは持っていった。当時は和食屋もなかったので、それで夜食を間に合わせていた。

ハバロフスク号の〝事件〟から船での遠征はなくなったので助かった。いま思うと、ナホトカで苦しい思いを共有できたのでチームが結束した。とくに、ぼくと大古と横田は同年代でレギュラーだったので、松平さんもいろいろな面でしっかりと育ててくれた。上には猫さんたちもいたので、怒られ役は上に任せて、ぼくたちはやりたいことをやっていた。松平さんには手を挙げられることはなかったが、足で蹴られることはあった。手が届かなかったためだろう。いま若返って、松平さんを筆頭に、あの指導スタッフと当時のメンバーで世界に立ち向かえば、もう一度世界の頂点に立てると思う。松平さんは、「絶対に勝つ」という強い信念で選手をひっぱっていたし、お金がなければ、なんとか自分たちでお金を作り出す方法も知っていた。

ミュンヘンでは、猫さんたちの長男グループ、ぼくたちの次男坊グループ、西本などの末っ子グループとうまく年齢差ができていたこともあり、バランスのとれたいいチームだった。松平さんがいないときにちょっとした悪さをする。長男グループがやるのを見て、ぼくらも真似をする。しかし末っ子グループの連中はぼくたちの真似をしなかった。末っ子グループは酒もあまり飲まなかった。あの頃は松平さんに、「人前でタバコを吸うな、酒を飲むな」と言われて、「なんで、そんなことまで気を使わないといけないんだ」と思っていたが、実際に、女房には煙草を吸っているところを目撃されて、幻滅させていたし、自分が全日本や大学の監督をして、ようやくその本当の意味がわかった。日常の我慢は、プレー中の我慢につながるのだ。松平さんは試合につながるようなことをいつも考えていたのだ。だからこそ、あのメンバーが必要だったのであり、監督が松平さんではなかったらミュンヘンの優勝はなかった。

これからは暴力根絶の時代になり、指導者が変わらないといけない。選手との智恵の勝負になる。どういう勉強をして、どういう戦略を立てて、自分たちのチームをどのようにしてつくっていくかということを早い時期から考えていかないと追いつかなくなる。そういう面では松平さんという人は暴力根絶を見越していたわけではないだろうが、いまに通じる指導方法をあの時代からやっていた。

猫さんはミュンヘン前に骨折してから、手のやわらかさがなくなり、動きが固くなった。骨折してからは、サーブレシーブが１ｍ50㎝離れるとＢクイックを使わなくなった。全日本が終わって、日本たばこと日本鋼管の試合があると、ぼくはそれがわかっていたから、サーブレシーブが1ｍ50㎝離れると、「Bクイックはない！」と叫んでいた。

横田とは高校の全日本の合宿からずっと一緒だった。横田も高校2年で全日本に入った。全国大会にでないと高校の全日本に選ばれなかった。横田は中学のときに棒高跳びをやっていたので腕力が強かった。握力も77㎏あった。

嶋岡は全日本ではスパイカーだったが、中央大でも日本鋼管でもセッターだった。松平さんだから大学や社会人の監督が何も言わなかったが、いまだったら大変だ。「なんでうちのセッターをスパイカーで使うんだ。ミドルブロッカーをエースで使うんだ」と文句がくる。

学生選抜の監督のとき、ウイング、オポジット、ミドルブロッカーと役割で選ぶ。理由をあてはめて選考していく。選んでからミドルブロッカーがいなかったというのでは困るからだ。しかしぼくが強化委員長のときや学生選抜の監督のときは、ウイング、スパイカー、オポジットはみんな同じ感覚でつかっていた。「おれはサーブレシーブはしなくていい。レシーブしかできない」では困る。「常にどこの場所を与えられてもできるように練習しておきなさい」と言っていた。そのため、あらゆるポジションの練習もさせる。オポジットが急にサーブレシーブをやれと言われてもなかなかできないので、合宿の都度、正面だけは捕れという指導からしていった。オポジットも6人の控えの選手も入れて、いつでもどこでもできるようにする構成にしていた。これからもそういう選考をしなくてはいけないと強く考えている。

女子の全日本の監督をしている真鍋がぼくと似たような選手の使い方をする。ミドルブロッカーが1人で、あとの5人で攻撃する。ウイングのスパイカーでもセンターをやる。さて、どこまで通用するか楽しみだ。しかし、こういうスタイルでやろうと思って所属チームの監督にいうと、「絶対にダメだ」と言われる。選手本人は全日本の代表として試合に出たいのだから、ポジションはどこでもいいと思っているはずだ。

当時の全日本はいろいろなスパイクが打てた。とくに嶋岡はオールランドプレーヤーで、全員が適材適所をこなした。

唯一の趣味はゴルフ

平成10年ころから、毎日が苦しい連続で、「この先、バレー部はどうなるんだろう」と不安な日々を過ごしていた。ケセラセラができない性格なので、唯一の趣味であるゴルフに逃げた。土曜日の練習が終わるとゴルフ仲間と出かけていって、日曜日にコースをまわって、夜帰ってくる。平日も授業がない日はゴルフに行って、の繰り返しだったので、物凄く上達した。しかしバレー部の練習だけはさぼらなかった。コースに行っても練習には必ず出た。

体力的にはつらかったが、ゴルフは唯一の気分転換だった。

ゴルフばかりやっていたので、いつも土、日は家にいなかった。そうすると女房が、「あなたはバレーとゴルフとどっちが大事なの?」と訊いてきた。バレーの指導者は、「家庭とバレーとどっちをとるの?」と奥さんに訊かれると言う話はよく耳にするが、バレーとゴルフのどちらをとるのかと訊かれたのは、バレー界ではぼくくらいだろう。

父が亡くなって遺産が入り、欲しい車も買ったときにゴルフの会員権も買った。景気が悪いときだったので底値だろうと思って買ったが、まだまだ値は下がった。850万で買った会員権が何と200万。しかし父のおかげで買うことができた。もう一つ買おう

豪快なドライバーショット(1995年)

としたら、女房に「一度に二つもラウンドできるんですか」と怒られた。

夏になると練習場でドライバーだけで500スイングくらいした。そのおかげでドライバーが言うこと聞いてくれたので、300ヤードくらい飛んで、1ラウンド75くらいで回った。シニアの大会に出ようかと本気で考えたこともあった。シニアプロに勝ったこともあったが、ぼくと一緒に回ると固くなると言っていた。小業は好きではなかったが、いまでは飛距離がでなくなった分、小業頼りになった。月に3回以上、年間40ラウンドくらいしていた。45歳くらいのときの話だ。

ゴルフ以外では、大きな百合や牡丹、蘭などの花を育てた。女房がアートフラワーの師範だったので感化された。花の名前をよく覚えた。バレーボールで不在がちなので、手のかかる花はだめだった。蘭はあまり手がかからなくてよかった。「勝負師が花をやると気持ちがやさしくなるからだめだ」と言われたが、いまでも時間があると花をいじっている。

麻雀は少しやったがダメだった。「ちょっと待って、ちょっと待って」ばかりだった。現役を引退して33歳くらいのときにスキーにはまった。現役時代は骨折などの心配があるのでできなかった。志賀高原で1級とって、日体大のスキー実習で大きな校旗を持って滑り降りたこともあった。いまはスキー場に行っても温泉に入るのが楽しみだ。

筋力が衰えているのは自分でもわかっているが、億劫なので何もしていない。いまは年間

4、5回ラウンドする程度だ。これが唯一の健康法だ。いまの女房がゴルフをするので文句は言われない。やはりシニアの大会にでておけばよかったなと思っている。

最後に

オリンピックで金メダルをとり、いい仲間といい指導者に巡り会って、いま思うと本当に恵まれていたと思う。想像していたとおりに物事が動いた。後継者も育ってほっとしている。大学も勝てない時代から、いままた全日本インカレで連覇できる時代にようやくなった。エース級の選手が少なくなって、OBのところをまわって、「エース級じゃなくてもいいです。信頼できる選手を送って下さい」と言って全国を歩いてまわった。そして、送ってもらった選手を自分なりに自分が育てた環境になるべく近付くことを要求して、ハードな練習だったかもしれないがずっと続けてきた。

下馬評では、「今年の日体大は危ないぞ」と言われたことが何回もあった。しかしその都度、最後の最後に崖っぷちで選手ががんばってしのいでくれた。最下位もあった。リーグ戦では、平成10年に6位。その後、5位、6位、4位とつらい時代が続いた。スカウトをさぼっていたわけではない。OBを含め、選手もみんな頑張ってくれたが、平成15年は春が7位で秋が4位。その後の全日本インカレで不祥事を起こし、平成16年と17年は一部にいない。平成18年の春にあがって秋に4位になった。

いい成績をあげたいという気持ちが空回りし、ぼくも協会の仕事に忙殺され、選手の面倒をみきれなかった結果が不祥事となった。ちゃんとやっているだろうと言う気持ちではダメだ。何事もしっかりと確認することの大切さを再認識させられた。

平成19年の春が5位で秋に優勝。全日本インカレでも優勝した。低迷や不祥事を乗り越えて、ここにきて全日本インカレの連覇ができた。このメンバーで連覇ができたということは我ながら凄いことをしたと思う。スー

パー級がいないのだから4年間の練習の賜物だと思う。下級生もいつも練習につきあっていたから、居残り練習がいまも続いている。いいものを残してくれた。人が見ていないところでどれだけ努力するかということが結果につながる。そういう努力のチーム。それが次の年につながった。スター選手のいるチームが何回も優勝するより、この2連覇の価値のほうが高いとぼくは思っている。

今後のこと

今後のぼくはまだ未定だ。日体大のバレーボール研究会を全国的に活性化させることや、同期会を開く事など、事務的なことはたくさんある。バレーボールで生きてきた森田淳悟は、バレーボールから本当の引退ができるのだろうか。ぼく自身にもわからないことだが、今後のバレーボール界を見続けていただきたい。そうすれば森田淳悟の今後を知っていただけるだろう。

高齢者になり、いつ会えなくなるかわからないので、同期会を毎年やっている。ぼくの学年は男女合わせると80人くらいいたが、2014年、2015年と一人ずつ亡くなった。

Ｖ研（※日体大のＯＢ会組織だが、大学時代にバレー部以外でも現在バレーに携わっている卒業生も入会できる）というのがあるが、他大学のほうがしっかりしているので、全国的に活性化させなくてはいけないと考えている。これまで現役がＯＢをあてにしすぎていた。インカレにでたときにＯＢ会から30万出してくれた。これも先に貰うのでなく、ベスト４のときは30万。残らないときは10万にするなど、メリハリを付けないといけない。お金を貰うだけではなく、いろいろな県に行って強化してもらうのもいいだろう。

全国に教員をしている卒業生がいるのだから、力を貸すことも、貸りることもできる。Ｖ研に資金があれば、一週間なら一週間、強化合宿をすることもできる。このあたりはＯＢ会でバックアップできるはずだ。純粋にＯＢだけで1万人くらいいる。いま個人登録制にしているが、名簿を作って各県の組織を固めることだ。これまでは、各県のＯＢ会の会員数にあわせて分担金にしていた。そういったことを相談するための会議をしなくては始まらない。それが近々のぼくの宿題だ。いろいろな案はある。学生数も卒業生も少なくなっているので、マネージャーやキャプテンに横の繋がりを強化させることが近道かもしれない。

この体制をしっかりとしたものにするのが、まずは当面の目標である。そしてＶ研の活性化が日体大バレーボール部全体の絆を強め、それが日本のバレーボール界の発展に貢献できればと考えている。

勝
大
NIPPON

五輪金メダリスト

ミュンヘ

JPN

現在のバレー界に

協会批判をするつもりは毛頭ないが、強化費を削るのだけはどうかと思う。協会は各事業本部の予算を10%ずつ削減することにした。ぼくが会長なら、各部を12%ずつ削っても、強化費は削らない。これはミュンヘンメンバー全員の意見だし、個々の役員が高価なホテルに泊まらないなど、節約に努めることも必要だ。確かに協会の事業は大変だというのはわかる。金もかかるし、なかなか資金が集まらないのもわかる。しかし強化は特別だ。選手の強化に金を使わないで、どこに使うというのだ。シニアからユースまで、現場の代表監督の意見はぼくらと同じで、一致団結して頑張ろうと言っている。しかし肝心要の協会が強化費を削っては土台から揺らいでいるのと同じだ。

いまは、上からの流れが下に結びついていない。大学では各大学が努力し、高校もそれぞれに奮戦している。しかし強化の役員たちがやっていることが見えてこない。バレーボールのレベルを上げていくということは、現場あってのものなので、役員たちももっと現場を歩いてほしい。ぼくも役員や強化委員長のときは現場をよく歩いた。名古屋の会場が終わるとそのまま横浜に日帰りで行った。行けば現場はみんな安心してくれる。お礼を言われるために行くのではない。こちらも現場を気にかけているということが伝わるからだ。1日でもいいから試合をしっかりと観て選抜選手を決めなくては話にならない。いつの時代でもどの競技でも、現場を大切にしているところは強い。レスリングの福田会長と高田総監督はいつも現場のことを気にしていた。

いま強くなっておかないと、スポーツ庁ができてマルチサポートという特別な支援に入れなくなる。現場を大事にする役員をつくらなくてはならない。2020年東京オリンピックに日本のスポーツ界全体が向かっていっている。いままでアジア大会の放送など考えられなかったが、民放がゴールデンタイムでやっている。観る方もみんなが熱を入れている。この流れに乗り遅れないような体制

ロンドンオリンピック視察（2012年）

づくりをしないといけない。

ぼくが本部長をやっているときは大変だった。女房が癌のときも強化委員長だったから、家を留守にするときは辛かった。試合が終わるとすぐに新幹線で帰って来て、学校で授業やって、また名古屋に行ってその日のうちに帰ってきた。女房のことも、バレーのこともおろそかにしなかった。

日本のバレー界のおかれている現状は役員もわかっているはずだ。現状を打破して、世界ランキングの一桁に入るようにしなければいけない。いまの全日本の実力からみると世界で一桁に入るのは至難の業だ。口先だけで世界の一桁と言うのではなく、会長以下が死に物狂いで努めなければいけない。

松平流に言えば、ランキング一桁に〝入りたい〟ではなく〝入る〟のだ。協会が目線をかえれば、リオの勝利も見えてくる。そして、それは２０２０年に開催される東京オリンピックへとつながって行く。

あとがき

この度は、『ミスターバレーボール　森田淳悟物語』の刊行、誠におめでとうございます。

森田淳悟先生は1972年のミュンヘンオリンピックで金メダル、1968年のメキシコシティーオリンピクで銀メダルを獲得され、男子バレーボール全盛時代を作り上げた立役者でありました。

その後、2003年には先生の〝特許〟である『一人時間差攻撃』の技術が世界のバレーボール界の近代バレーボールに寄与をしたことが認められ、「バレーボール国際殿堂」入りをされました。また、バレーボール界のみならず、日本オリンピック委員会や、日本オリンピアンズ協会の理事として、日本のオリンッピク競技の強化にも多大なる役割を担って頂きました。

今後もさらに２０２０年の東京オリンッピク成功に向け、日本のみならず世界のスポーツ界にその手腕を振るって頂きますよう期待しております。

二〇一五年　二月

日本オリンピック委員会（ＪＯＣ）

会長　　竹田　恆和

出来事	受賞歴	主な選手の入学年
北海道北見市で誕生		
群馬県高崎市に転居		
埼玉県川越市に転居		
群馬県館林市に転居		
東京都狛江市に転居		
狛江中学野球部		
陸上部をつくり走高跳で活躍		
バレーボールとの出会い		
東京オリンピックで“東洋の魔女”が金、男子は銅		
全日本の合宿に初参加		
全日本のメンバー入り		
プラハの春	文部省スポーツ功労賞	
	世界選手権ベスト6賞	
全日本引退	文部省スポーツ功労賞	
日本鋼管バレーボール部キャプテン		
全日本復帰／天皇杯優勝		
		蘇部幸志
		三橋栄三郎
現役引退		
日本体育大学男子バレボール部コーチ		川合俊一／田中直樹
日本体育大学男子バレーボール部監督		
		泉川正幸
		長瀬多喜男
		斎藤信治
2部リーグ降格／日本鋼管バレーボール部廃部		
1部リーグ昇格		
		山本隆弘
不正抽選事件で3部リーグに降格	バレーボール国際殿堂入り	
1部リーグに復帰		
		米山裕太
		佐藤弘樹
男子バレーボール部の監督を退く		
日本体育大学退官		

森田淳悟年表

年	学年など	国際大会の主な成績	国内リーグの主な成績
1947(昭和22)			
1948			
1949			
1950			
1951			
1952			
1953			
1954	小学校1年		
1955(昭和30)	2年		
1956	3年		
1957(10歳)	4年		
1958	5年		
1959	6年		
1960	中学校1年		
1961	2年		
1962	3年		
1963	日大鶴ケ丘高校1年		
1964	2年		
1965(昭和40)	3年		東京都大会ベスト4
1966	日本体育大学1年	世界選手権5位(チェコ)	全日本大学選手権
1967(20歳)	2年	ユニバーシアード優勝(東京)	2位
1968	3年	メキシコオリンピック準優勝	2位
1969	4年		
1970(昭和45年)	日本鋼管入社	世界選手権3位(ブルガリア)	日本リーグ　優勝
1971			2位
1972		ミュンヘンオリンピック優勝	優勝
1973			3位
1974			3位
1975(昭和50)			2位
1976			2位
1977(30歳)		ワールドカップ準優勝(日本)	優勝
1978		世界選手権予選敗退(イタリア)	4位
1979			5位
1980			6位
1981(昭和56年)			全日本大学選手権　優勝
1982			3位
1983	日本体育大学特別期限付助手		ベスト4
1984			ベスト4
1985(昭和60)	日本体育大学女子短期大学助手	ユニバーシアードコーチ(神戸)	ベスト8
1986			準優勝
1987(40歳)	日本体育大学女子短期大学講師		ベスト8
1988			ベスト8
1989(平成元年)			ベスト8
1990			優勝
1991	日本体育大学体育学部講師	ユニバーシアード監督・7位(シェフィールド)	3位
1992			優勝
1993	日本体育大学体育学部助教授	ユニバーシアード監督・優勝(バッファロー)	ベスト8
1994			ベスト16
1995		ユニバーシアード監督・10位(福岡)	ベスト4
1996			ベスト8
1997(50歳)			ベスト8
1998			ベスト4
1999(平成10)		ユニバーシアード監督・準優勝(パルマ)	ベスト8
2000	日本体育大学体育学部教授		ベスト16
2001			2回戦敗退
2002			ベスト8
2003			
2004			
2005			ベスト32
2006			ベスト4
2007(60歳)			優勝
2008			優勝
2009(平成20)			3位
2010			ベスト16
2011			準優勝
2012			ベスト8
2013			準優勝
2014			準優勝
2015(3月)			

森田淳悟（もりた　じゅんご）

1947年北海道生。

1970年日本体育大学卒業。同年、日本鋼管に入社し、日本リーグで活躍。1981年に現役を引退。同年、日本体育大学バレーボール部コーチに就任。1983年日本体育大学期限付助手となり、助手、講師、助教授を経て、2000年に日本体育大学教授。2015年、同大学を退官。

選手として、メキシコオリンピックで銀メダル。ミュンヘンオリンピックで金メダルを獲得。指導者としては、日本体育大学男子バレーボール部の監督として全日本インカレ二連覇を含む4回優勝。ユニバーシアードの監督を4回務め、1993年のバッファロー大会では日本チームを優勝に導いた。

『ミスターバレーボール　森田淳悟物語』

発　　行：2015年3月8日　第1刷
　　　　　2015年5月1日　第2刷
著　　者：森田淳悟
発 行 人：伊藤太文
発 行 元：株式会社 叢文社
112-0014
東京都文京区関口1-47-12
TEL　03-3513-5285
FAX　03-3513-5286

写　　真：森田淳悟
フォート・キシモト
日本文化出版

編　　集：佐藤公美
印　　刷：モリモト印刷

ISBN978-4-7947-0739-0